Workbook/Lab Manual

Motifs

An Introduction to French

FOURTH EDITION

Kimberly Jansma
University of California at Los Angeles

Margaret Ann Kassen
The Catholic University of America

THOMSON
HEINLE

Australia Brazil Canada Mexico Singapore Spain United Kingdom United States

Motifs
Fourth Edition
Workbook/Lab Manual
Jansma | Kassen

Editor-in-Chief: PJ Boardman
Senior Acquisitions Editor: Lara Semones
Senior Content Project Manager: Esther Marshall
Assistant Editors: Morgen Murphy
Executive Marketing Manager: Stacy Best
Marketing Assistant: Marla Nasser
Advertising Project Manager: Stacey Purviance

Managing Technology Project Manager: Wendy Constantine
Manufacturing Manager: Marcia Locke
Composition: Greg Johnson, Art Directions
Senior Art Director: Cate Rickard Barr
Cover Designer: Diane Levy
Text & Cover Printer: Thomson West

Cover image: © Rick Piper/ALAMY

Thomson Higher Education
25 Thomson Place
Boston, MA 02210-1202
USA

Printed in the United States of America.
  2 3 4 5 6 7 10 09 08 07

ISBN-13: 978-1-4130-3043-3
ISBN-10: 1-4130-3043-2

For more information about our products, contact us at:
Thomson Learning Academic Resource Center
1-800-423-0563

For permission to use material from this text or product, submit a request online at
http://www.thomsonrights.com.

Any additional questions about permissions can be submitted by email to
thomsonrights@thomson.com.

Contents

Activités écrites (Workbook)

Activités de compréhension et de prononciation (Lab Manual)

Les camarades et la salle de classe

 **Module 1**

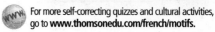 For more self-correcting quizzes and cultural activities, go to **www.thomsonedu.com/french/motifs.**

Comment se présenter et se saluer

❀ **Voir Structure 1.1** Addressing others *Tu et vous*

A. Bonjour! You are spending a month in Paris with a study abroad program. First, write down an appropriate greeting for each situation. Then, indicate whether it is formal (**respectueux**) or informal (**familier**) and decide whether the participants would shake hands or **faire la bise.**

Nouveau vocabulaire:

serrer la main   *to shake hands*

1. You are at a conference on francophone literature, and you see your professor, M. Lemoine. Greet him and ask him how he is. He will reply and ask you how you are.

   VOUS: _____?

   M. LEMOINE: _____?

   VOUS: _____.

   ❑ Respectueux   ❑ Familier   ❑ Geste: Serrer la main   ❑ Geste: Faire la bise

2. After the conference, you go for a walk on the campus of Paris VIII and you see your best friend (**ami[e]**) walking towards you. Greet him/her and ask him/her how he/she is. He/She will reply and ask you how you are. Say you are not doing well at all.

   VOUS: _____?

   AMI(E): _____?

   VOUS: _____.

   ❑ Respectueux   ❑ Familier   ❑ Geste: Serrer la main   ❑ Geste: Faire la bise

3. You and your French host François are at his place and the entrance bell rings. It's his grandmother, Mamie *(Granny)* Jeanne. Have François greet her and ask her how she is. She will reply and ask him how he is. He will say he is not doing too badly.

   FRANÇOIS: _____?

   MAMIE JEANNE: _____?

   FRANÇOIS: _____.

   ❑ Respectueux   ❑ Familier   ❑ Geste: Serrer la main   ❑ Geste: Faire la bise

4. It is now 8 P.M. You are about to enter your new apartment when you see your neighbor (**voisine**), a 50-year-old woman, for the first time. Introduce yourself, greet her and ask her how she is. She will reply and ask you how you are. Say you are doing well.

VOUS: _____?

VOISINE: _____?

VOUS: _____.

❑ Respectueux   ❑ Familier   ❑ Geste: Serrer la main   ❑ Geste: Faire la bise

B. Un nouvel ami français. Now your instructor conducts a conversation in French with one of the Paris VIII students invited to your class, Antoine. Complete their dialogue using the word bank below. **One word is extra.**

je suis de Bruxelles	comment allez-vous	bonjour
très bien	est de Bruxelles	au revoir
bientôt	merci	

LE PROFESSEUR: Classe, je vous présente Antoine Bourgeon. _____ (1), Antoine!

_____ (2)?

ANTOINE: Très bien, et vous?

LE PROFESSEUR: _____ (3), merci. Antoine, vous êtes de Belgique, un pays que j'adore et que je connais assez bien. De quelle ville êtes-vous?

ANTOINE: Moi, _____ (4).

LE PROFESSEUR: Et votre famille, elle est de Bruxelles aussi?

ANTOINE: Non, mon père est de Liège. Mais ma mère, elle _____ (5).

LE PROFESSEUR: Vous êtes de Belgique mais vous étudiez en France?

ANTOINE: Oui, parce que le programme ici est excellent.

LE PROFESSEUR: Très bien. Merci, Antoine, d'avoir participé à notre classe. Au revoir!

ANTOINE: _____ (6), professeur! À _____ (7)!

C. Ensemble à la cafétéria. After class, your friend John runs into Farida, another student from Paris VIII, in the cafeteria. Complete their conversation.

JOHN: Salut, Farida. _____ (1)?

FARIDA: _____ (2) très bien, merci.

(Farida sees John is with a friend and asks about her.)

FARIDA: Et ton amie *(friend)*, _____ (3)?

JOHN: _____ (4) Liz. Elle _____ (5) Portland.

(He introduces them.) Liz, Farida. Farida, Liz.

LIZ: Bonjour. Vous êtes de Paris?

FARIDA: Non, je _____ (6) d'Alger, en Algérie. Ah, voilà M. Dutronc, votre professeur de français. Bonjour, monsieur, _____ (7)?

M. DUTRONC: _____ (8), merci. _____ (9)?

Identification des choses et des personnes

❋ **Voir Structure 1.2** Identifying people and things *Qui est-ce? Qu'est-ce que c'est? Est-ce que… ?*

❋ **Voir Structure 1.3** Naming people and things *Les articles indéfinis*

D. Dans la salle de classe. Write a complete sentence using an indefinite article to identify the numbered items.

Modèle: *C'est un livre.*

Modèle

1. _____

2. _____

3. _____

4. _____

5. _____

6. _____

7. _____

8. _____

9. _____

10. _____

E. Le nouveau. Your instructor is quizzing a student who just joined your French class. Help him out by giving him the answers.

> **Modèle:** —Est-ce que c'est un stylo?
> —*Oui, c'est un stylo.*

1. —Qu'est-ce que c'est?

— _____

2. —Est-ce que ce sont des chaises?

— _____

3. —Qu'est-ce que c'est?

— _____

4. —Est-ce que c'est une fenêtre?

— _____

5. —Qu'est-ce que c'est?

— _____

6. —Est-ce que ce sont des tableaux?

— _____

F. Qui est-ce? You and a classmate are talking about French celebrities, but he/she doesn't remember everyone's name. Answer his/her questions using the names listed below. **One name is extra.** (Hint: for help, see page 9 in your textbook.)

Audrey Tautou	**Zinédine Zidane**	**Mathieu Kassovitz**
Maryse Condé	**Gérard Depardieu**	**Jean-Paul Gaultier**

Modèle: Il est joueur de foot. Qui est-ce?
C'est Zinédine Zidane.

1. Elle est écrivain *(writer)*. Qui est-ce?

_____

2. Il est couturier et créateur de parfums. Qui est-ce?

_____

3. Il est acteur et mannequin. Qui est-ce?

_____

4. Elle est actrice. Qui est-ce?

_____

La description des personnes

❋ **Voir Structure 1.4** Describing people *Les pronoms sujets avec être*

G. Un e-mail de votre correspondant. You've just received an e-mail from a new French pen pal. Complete it using the appropriate form of the verb **être**. Your name goes in the first blank.

Cher/Chère _____ (1),

Je _____ (2) étudiant à l'université de Nancy II. Nancy

_____ (3) une ville très sympa *(nice)* avec beaucoup d'universités

et d'étudiants. Dans mon cours d'anglais, nous _____ (4) trente.

Et dans ton cours de français, vous _____ (5) combien? Mes amies

Laure et Stéphanie _____ (6) très bonnes en anglais, mais pas moi:

je _____ (7) un peu faible. C'est pourquoi *(that is why)* je

_____ (8) très content de venir te voir *(come see you)* aux États-Unis.

Est-ce que tu _____ (9) certain(e) que je peux rester *(that I can stay)*

trois semaines *(weeks)* avec ta famille?

   Réponds-moi vite! J'attends ta réponse avec impatience.

À bientôt!

Voir Structure 1.5 *Les adjectifs* (introduction)

H. Je suis... Your pen pal is arriving in three days. You haven't had time to send a picture of yourself so the two of you will recognize each other at the airport. Compose an e-mail message in which you describe your physical features to him/her.

Bonjour!

Je suis très content(e) que tu arrives bientôt. Je vais être à l'aéroport pour t'accueillir

(greet you). Je suis _____ (1) et _____ (2). J'ai

les cheveux _____ (3).

À bientôt.

_____ *(Your name goes here).*

I. Portraits. Write at least two adjectives to describe the famous people below.

> **Modèle:** la reine Élizabeth
> *La reine Élizabeth est sérieuse et raisonnable.*

1. le prince Charles _____

2. Kofi Annan _____

3. Jodie Foster _____

4. Morgan Freeman _____

5. Barbara Walters _____

Les vêtements et les couleurs

J. La mode sur le campus. Your pen pal is coming to the States, and he/she is curious about how students dress on your campus. Let him/her know what the dress style is like on your campus.

> **Vocabulaire:** des chaussures, un T-shirt, des lunettes, un pull-over, une jupe, une chemise, un jean, une robe, un short, une casquette *(cap)*, un sac à dos *(backpack)*, des sandales *(sandals)*; vert, blanc, bleu, marron, rouge, noir, gris, beige

1. Ici, les étudiants portent souvent _____

_____ .

2. Parfois les femmes portent _____

_____ .

K. Et vous, qu'est-ce que vous portez aujourd'hui? Describe what you are wearing now, including the color of your clothing.

Moi, je porte _____

_____ .

Comment communiquer en classe

L. Qu'est-ce que vous dites? What are the students and the instructor saying in your French class? Write out an appropriate French expression to communicate the following ideas.

1. Your instructor wants you to open your book.

   _____

2. You ask him/her to repeat, please.

   _____

3. You have a question.

   _____

4. Your instructor wants you to please turn in your homework to him/her.

   _____

5. Your instructor asks you to go to the board.

   _____

6. You want to ask some students to close the door.

   _____

M. Les nombres. Write out the number that you associate with the following.

1. days of the week _____

2. weeks in the year _____

3. days in the month of February _____

4. maximum speed limit in school zones _____

5. legal driving age _____

6. legal drinking age _____

7. number of states in the United States _____

8. months in a year _____

9. number of hours in a day _____

10. number of fingers on both hands _____

Synthèse: Un homme et une femme célèbres

Describe two celebrities: First a woman, then a man. Say why they are famous, what they look like, and what they typically wear. Then say something about their personality. Write about eight sentences for each individual.

Vocabulaire: beau (belle), blond(e), brun(e), fort(e), grand(e), jeune, joli(e), laid(e), mince, moche, petit(e), vieux (vieille), célèbre, charmant(e), gentil(le), raisonnable, sportif (sportive), sympathique, amusant(e), fatigué(e), idéaliste, intellectuel(le), intelligent(e), nerveux (nerveuse), optimiste, patient(e), riche, sérieux (sérieuse), sociable, solitaire, timide; Typiquement il/elle porte, un acteur/une actrice, un musicien/une musicienne, un chanteur/une chanteuse, un écrivain *(writer)*, une femme/un homme politique

Modèle: *Voici une femme célèbre. Elle s'appelle Hillary Clinton. C'est une femme politique. Elle habite (lives) à New York et à Washington D.C. Hillary est d'un certain âge. Elle a les cheveux blonds et courts et les yeux bleus. Elle est de taille moyenne. Elle est assez mince. Dans le Sénat, elle porte souvent une jupe avec une veste* (tailored jacket). *Hillary est optimiste, énergique, sociable et intelligente. Elle est aussi très ambitieuse. Voilà un portrait d'Hillary Clinton.*

1. Voici une femme célèbre. Elle s'appelle _____

_____

_____

_____

_____

_____

_____

_____

_____

2. Voici un homme célèbre. Il s'appelle _____

_____

_____

_____

_____

_____

_____

_____

_____

⊕ Perspectives culturelles

A. Read **Greetings in French** on page 5 and indicate whether each statement is **vrai** or **faux.**

	vrai	faux
1. Greetings are the same in France and French-speaking Africa.		
2. The French say **au revoir, monsieur/madame/mademoiselle** whenever they enter a shop.	❑	❑
3. In France, colleagues shake hands to greet each other daily.	❑	❑
4. Americans sometimes view the French as being snobbish and distant because they don't smile when they come into contact with strangers.	❑	❑
5. French people can find a smile from a stranger flirtatious or odd.	❑	❑
6. If you are not sure whether to use **tu** or **vous** with someone, always assume you can use **tu.**	❑	❑
7. In Québec, **vous** is more commonly used than **tu** with elderly people.	❑	❑
8. In French-speaking Africa, greetings are lengthier than in France.	❑	❑

B. Read **Vocabulaire en movement** on page 13 of your textbook and answer the questions below.

1. When and why did French become the language of the court in England?

_____

2. From the following two pairs of words, select the one you think is derived from French. Explain how you arrived at your decision.

a. go up / mount
b. respond / answer

_____

_____

3. From which area were some English words adopted by the French before the Revolution?

_____

C. Voix en direct: *Tu* ou *vous*? **Quelques réflexions**

Read the **Voix en direct** section on page 7 of your textbook and answer the questions below.

1. Think about the times when you are with your friends' parents. Do you talk to them just as you talk to your friend? If not, what is different? Is it your vocabulary, tone of voice, body language, behavior, etc. that changes? Be specific in your answer.

   _____

   _____

   _____

2. What might be the possible advantages of a **tu / vous** distinction? Are there any disadvantages?

   _____

   _____

   _____

La vie universitaire

✻ Module 2

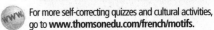
For more self-correcting quizzes and cultural activities,
go to **www.thomsonedu.com/french/motifs.**

Les distractions

✻ **Voir Structure 2.1** Saying what you like to do *Aimer et les verbes réguliers en -er*

A. Chacun ses préférences. Everybody likes to do something in particular. Complete the sentences with an infinitive from the list or from page 32 of your textbook.

chanter	surfer sur Internet	écouter de la musique
travailler	danser	regarder la télévision
parler	voyager	

1. Britney Spears aime _____ et _____.

2. Bill Gates aime _____.

3. Homer Simpson déteste _____; il préfère _____.

4. Paris Hilton adore _____ et _____.

5. Oprah aime _____ avec ses invité(e)s *(guests)*.

6. Et moi *(me)*, j'aime _____ mais je déteste _____.

B. Qui fait quoi? Some people are known for what they do. Match each person on the left with a logical activity on the right, paying close attention to verb endings.

1. Jon Stewart   **a.** aime danser.

2. Mon ami et moi, nous   **b.** étudiez le français.

3. Mulder et Scully   **c.** travaille à la télévision.

4. Beyoncé et Mariah Carey   **d.** parles beaucoup.

5. Tu   **e.** travaillent pour le FBI.

6. Jennifer Lopez   **f.** travaillons beaucoup.

7. Vous   **g.** aiment chanter.

✻ **Voir Structure 2.2** Saying what you don't like to do *La négation ne... pas*

C. Le semestre commence. You're writing a letter to your best friend describing your daily routine at the university. Fill in the blanks by conjugating the verbs in parentheses.

Chère Christine,

Cette année à l'université, je (travailler) _____ (1) beaucoup! J'(étudier)

_____ (2) à la bibliothèque tous les après-midi *(every afternoon)*

et le soir, je (ne pas regarder) _____ (3) la télévision: je (continuer)

_____ (4) à étudier! Je (ne pas habiter) _____ (5)

près *(near)* du campus et le week-end, je (ne pas aimer) _____ (6) retourner

à la bibliothèque. Alors je (rester *[to stay]*) _____ (7) dans mon appartement

avec ma camarade de chambre Cathy. Elle (ne pas aimer) _____ (8) sortir

non plus *(neither)*, alors nous (étudier) _____ (9) ensemble *(together)*. Mes

week-ends sont très calmes! Et toi, tu (travailler) _____ (10) beaucoup?

Est-ce que tes amis et toi, vous (jouer) _____ (11) toujours au basket?

Écris-moi vite!

À bientôt!

Comment exprimer ses préférences

❋ **Voir Structure 2.3 Talking about specifics** *Les articles définis*

D. Le portrait de Manon. Manon is a new exchange student from France. She shares your suite in the dorm. Here is what she says about herself. Complete her sentences using the correct definite articles.

J'ai 21 ans. J'étudie à _____ (1) université de Nice. J'aime _____ (2) musique classique et _____ (3)

rock, mais ma musique préférée est la techno. Je regarde _____ (4) télévision mais je préfère _____ (5)

cinéma; j'aime surtout _____ (6) comédies et je déteste _____ (7) films d'horreur!

E. Mal assorties *(Ill-matched)*! You and Manon are talking about her roommate, an American named Chris. Manon and Chris have very little in common! Complete the dialogue using the cues in parentheses to complete Manon's answers.

> **Modèle:** VOUS: Est-ce que tu aimes bien ta nouvelle camarade de chambre? (pas beaucoup)
> MANON: *Non, je n'aime pas beaucoup ma nouvelle camarade de chambre.*

VOUS: Est-ce qu'elle aime regarder la télévision? (adorer)

MANON: Oui, elle _____ (1). Moi, je préfère passer du

temps avec mes copains.

VOUS: Est-ce qu'elle aime écouter la radio? (détester)

MANON: Non, _____ (2). Elle écoute toujours les mêmes

(same) CD!

VOUS: Est-ce qu'elle aime étudier? (pas du tout)

MANON: Non, _____ (3). Moi, je suis passionnée par mes

études!

VOUS: Pauvre Manon, vous n'avez rien en commun, elle et toi! Est-ce qu'elle aime voyager au moins

(at least)? (pas beaucoup)

MANON: Non, _____ (4). Elle reste très souvent dans la

chambre! Mais moi, je sors *(I go out)*!

F. Et vous? Qu'est-ce que vous aimez faire? Using complete sentences, write down two activities that you really like to do, one that you like pretty well, and two that you really do not like at all.

1. _____ .

2. _____ .

3. _____ .

4. _____ .

5. _____ .

Le campus

❋ **Voir Structure 2.4** Listing what there is and isn't *Il y a / Il n'y a pas de*

G. Qu'est-ce qu'il y a sur le campus américain? Manon is still adjusting to the American university system. To help her out, you and a friend make an orientation guide that she can share with other exchange students. Describe the campus and its facilities.

Columbus University

1. Pour les étudiants qui aiment les activités sportives, il y a _____ .

2. Pour les étudiants qui aiment beaucoup les livres et qui aiment étudier, il y a _____ .

3. Enfin, pour les étudiants qui aiment les films, il y a _____ .

4. Malheureusement, sur notre campus, il n'y a pas _____ .

H. D'autres questions? Now imagine what further questions the exchange students might have about what is or is not on the campus and in the surrounding community. Write four sample questions.

1. _____ .

2. _____ .

3. _____ .

4. _____ .

Les matières

I. Tu aimes tes cours? Manon and two of her friends discuss their courses. Use the clues provided in the dialog to figure out which courses they are talking about and fill in the blanks.

MANON: Salut, Paul! Comment ça va dans ton cours de/d' _____ (1)?

PAUL: Salut, Manon! Oh, tu sais, les chiffres (*numbers*) sont difficiles pour moi. Je préfère mon

cours de _____ (2) et je veux aller au Japon l'été prochain! Et toi, ça va en

_____ (3)?

MANON: Oh oui, moi j'adore Shakespeare! Nous étudions *Hamlet* en ce moment. Par contre, je n'aime pas

beaucoup mon cours de/d' _____ (4): je n'ai pas l'intention de devenir psycho-

logue alors c'est une perte de temps (*a waste of time*)! Et toi, Arthur, tu aimes tes cours?

ARTHUR: Oui. Mon cours de/d'_____ (5) est très intéressant, j'adore lire Hegel et Kant! Et

j'aime aussi étudier _____ (6): le passé (*the past*) est fascinant, non?

PAUL: Oh zut, nous sommes en retard (*late*) pour notre cours de/d'_____ (7)! J'espère

(*I hope*) qu'aujourd'hui les ordinateurs ne sont pas en panne (*down*)!

Le calendrier

J. Les jours importants du calendrier français. Read the following descriptions and give the name of the holiday and the date in French. Then tell which season it is.

> **Modèle:** on reçoit beaucoup de cadeaux
> *C'est Noël, le 25 décembre. C'est l'hiver.*

1. on fête (*celebrate*) la nouvelle année

_____

2. on fête la Révolution française

_____

3. on offre des fleurs à la personne qu'on aime

_____

4. on fête le travail en France

_____

5. on honore les saints catholiques

_____

❋ Voir Structure 2.5 Talking about age and things you have *Le verbe avoir*

K. Quel travail! The semester has just begun and you and your roommate Manon discuss your schedules. Complete the following conversation with the correct forms of the verb **avoir.**

VOUS: Manon, quels cours est-ce que tu _____ (1) ce semestre?

MANON: J'_____ (2) français, marketing et chimie.

VOUS: Et Paul et Mike, est-ce que tu sais quels cours ils _____ (3)?

MANON: Oui. Mike _____ (4) géographie et psychologie, et Paul et moi, nous _____ (5) maths ensemble.

VOUS: Et est-ce que vous _____ (6) cours le vendredi après-midi *(afternoon)*?

MANON: Hélas, oui! C'est pénible *(a drag)*!

VOUS: Oh, c'est dommage *(that's too bad)*. Vous ne pouvez pas venir *(can't come)* à la fête d'anniversaire de Tristan vendredi, alors?

MANON: C'est l'anniversaire de Tristan vendredi? Quel âge est-ce qu'il _____ (7)?

VOUS: Vingt ans, je crois. Toi aussi, tu _____ (8) 20 ans, non?

MANON: Non, moi, j'_____ (9) 21 ans, presque *(almost)* 22! D'ailleurs *(As a matter of fact)*, je fête mon anniversaire dans deux semaines, le samedi. Tu peux venir?

VOUS: Absolument!

L. À vous! Answer the following questions with complete sentences.

1. Quels cours avez-vous ce semestre / trimestre? Comment sont-ils?

_____

2. Quels jours est-ce que vous avez cours?

_____

3. Qu'est-ce que vous aimez faire le week-end?

_____

4. Quel âge a votre meilleur(e) ami(e)? C'est quand, son anniversaire?

_____

Synthèse: Un(e) camarade de classe

Pre-writing: Choose a classmate to interview. E-mail each other with questions on your living situation, studies, and weekend activities.

Suggested interview questions:

- Quel âge as-tu?
- Est-ce que tu habites à la résidence universitaire?
- Tu es en quelle année? *(What year are you in?)*
- Qu'est-ce que tu étudies?
- Qu'est-ce que tu as comme cours ce semestre / trimestre?
- Est-ce que tu aimes tes cours? Pourquoi?
- Qu'est-ce que tu aimes faire le week-end?

Portrait: Using the information you have received and referring to the model below, write a portrait of your partner. Correct any errors and print it out. Take it to the next class meeting in order to present your partner. He/She will add one additional detail about him/herself for the class.

Modèle: *Dennis a 20 ans. Il est de Torrance. Maintenant, il habite sur le campus à la résidence Smith. Il déteste la résidence et sa cafétéria! Les sandwiches et les pizzas sont très mauvais. Il préfère manger dans un restaurant chinois ou italien. Il est en deuxième année et il étudie la biologie. Ce trimestre, il a un cours de français, deux cours de biologie et un cours de chimie. Il aime bien le français et la biologie. Il n'aime pas la classe de chimie. Le prof n'est pas bon et le livre est difficile. Le week-end, il aime aller au cinéma ou jouer au basket. Il n'aime pas rester à la résidence et étudier. Il préfère s'amuser (to have fun)!*

_____

_____

_____

_____

_____

_____

_____

_____

_____

_____

_____

_____

_____

⊕ Perspectives culturelles

A. Reread **Les activités préférées du week-end** on page 37 of your textbook and say if the following statements are true (**vrai**) or false (**faux**).

	vrai	faux
1. Les loisirs sont très importants pour les jeunes Français.	❏	❏
2. Les jeunes Français préfèrent lire plutôt que *(rather than)* surfer sur Internet.	❏	❏
3. Une des activités préférées des jeunes Français est de visiter des musées.	❏	❏
4. Les jeunes Français n'aiment pas faire du shopping.	❏	❏

B. Voix en direct: Qu'est-ce que vous aimez faire le week-end?

1. Reread the **Voix en direct** section on page 38 of your textbook and list (in French) the weekend activities that the four young people talk about. Then, make a list (also in French) of your favorite weekend activities.

Activités préférées de Julien,
Nicolas, Pierre et Olivia	Mes activités préférées
_____	_____
_____	_____
_____	_____
_____	_____
_____	_____
_____	_____

2. What similarities and differences are there? Give a possible explanation for the differences.

_____

_____

C. Reread **Le Quartier latin et la Sorbonne** on page 41 of your textbook and match the description on the left with the corresponding information on the right.

_____ **1.** une faculté célèbre   **a.** 1789

_____ **2.** les matières qu'on étudie à la Sorbonne   **b.** 1253

_____ **3.** une partie de Paris qui a de très bonnes librairies   **c.** la Sorbonne

_____ **4.** l'année où la Sorbonne a été fondée   **d.** le Quartier latin

_____ **5.** la date de la Révolution française   **e.** le boulevard Saint-Michel

                                                        f. les lettres

Chez l'étudiant

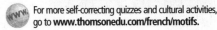

La famille

❄ **Voir Structure 3.1** **Expressing relationship** *Les adjectifs possessifs*

A. La famille de Julie. Your French friend, Julie, is telling you about her family and asking about yours. Circle the correct possessive adjectives to complete her description.

J'ai une famille nombreuse! J'ai quatre frères et une sœur. (1. Ma, Son) sœur habite à Lyon et (2. ton, mes) frères habitent à Nice. (3. Nos, Ses) parents sont retraités *(retired)* et ils habitent à Caen, en Normandie. (4. Ma, Mon) frère aîné et (5. ta, sa) femme viennent d'avoir *(just had)* un bébé! C'est une petite fille et c'est (6. notre, leur) premier enfant! (7. Ton, Son) papa et (8. ta, sa) maman sont très heureux!

Et toi? Est-ce que (9. sa, ta) famille est grande? Est-ce que (10. tes, vos) frères et sœurs habitent près de chez toi? Est-ce que (11. ses, tes) parents travaillent encore? Parle-moi aussi de (12. ses, tes) cours à l'université et de (13. ton, notre) travail.

❄ **Voir Structure 3.2** **Telling where people are from** *Le verbe* **venir**

B. L'album photo. You are showing Julie your photo album with pictures of your last birthday party, telling her where your friends come from. Complete the following conversation with the appropriate form of **venir**.

    Modèle: Voici Virginia. Elle *vient* de Salt Lake City.

JULIE: Qui est cette jolie fille ici sur la photo?

VOUS: C'est Sophie. Elle _____ (1) de Montréal.

JULIE: Et les deux garçons à côté d'elle? Ils _____ (2) aussi de Montréal?

VOUS: Non, ils sont américains, de Californie.

JULIE: Toi aussi, tu _____ (3) de Californie, non?

VOUS: Non, moi, je _____ (4) d'un autre état *(another state)* des États-Unis. Oh, et ici, c'est mon meilleur ami, Brad: lui et moi, nous _____ (5) du même état.

JULIE: De quel état est-ce que vous _____ (6), alors?

❊ **Voir Structure 3.3** **Another way to express relationship and possession** *La possession de + nom*

C. Le jeu des sept familles. Julie teaches you **le jeu des sept familles,** a traditional French card game similar to Go Fish. Instead of collecting a set of numbers, you try to collect a set of family members. You are trying to collect Marianne Dubois's family. Using the family tree below, ask for the other cards you need, as in the model, to collect six members of the Dubois family.

Modèle: Dans la famille Dubois, je veux *(I want)* le fils de Marianne, Samuel.

1. Dans la famille Dubois, je veux _____ de Marianne, Catherine.

2. Dans la famille Dubois, je veux _____ de Marianne, Gérard.

3. Dans la famille Dubois, je veux _____ de Marianne, Sara.

4. Dans la famille Dubois, je veux _____ de Marianne, Jeanne.

5. Dans la famille Dubois, je veux _____ de Marianne, Sandrine.

6. Dans la famille Dubois, je veux _____ de Marianne, Antoine.

Les caractéristiques personnelles

❋ **Voir Structure 3.4** **Describing personalities** *Les adjectifs (suite)*

D. Au contraire! Julie is describing her first impressions of people she met. You disagree with everything she says! Use a logical adjective to complete the following sentences.

Modèle: JULIE: Moi, je trouve que Paul est vraiment triste.
VOUS: Au contraire! *Je pense qu'il est heureux.*

1. JULIE: Emma est vraiment super snob!

   VOUS: Au contraire! _____

2. JULIE: Tu ne penses pas que le professeur de maths est très compréhensif?

   VOUS: Ah non! _____

3. JULIE: Oh là là! Qu'est-ce que tu es pessimiste!

   VOUS: Pas du tout! _____

4. JULIE: Moi, je trouve qu'Estelle est plutôt travailleuse!

   VOUS: Au contraire! _____

5. JULIE: Karim et Fatima sont très timides, non!

   VOUS: Mais non! _____

6. JULIE: Je trouve que nous sommes très stressés!

   VOUS: Mais non! _____

E. Questions personnelles. Respond to the following questions with complete sentences.

1. D'où viennent vos parents et où habitent-ils maintenant?

   _____

   _____

2. Qu'est-ce que vous aimez faire quand vous êtes avec vos parents?

   _____

   _____

3. Aimez-vous les grandes familles? Pourquoi?

   _____

   _____

La chambre et les affaires personnelles

❈ **Voir Structure 3.5** Describing where things are located *Les prépositions de lieu*

F. Chassez l'intrus. Help Julie get organized. Circle the item that does not belong in each location.

1. sur le bureau: un aquarium, une lampe, un lavabo, des stylos

2. dans le placard: un blouson, des tennis, une jupe, un téléphone

3. sur les murs: une affiche, une fenêtre, un miroir, un ordinateur

4. à côté du lit: une chaîne hi-fi, une table de nuit, un téléphone, un vélo

5. sur l'étagère: des livres, des rideaux, une photo, un vase

G. L'appartement idéal. Julie is recording her impressions of a new apartment she visited this morning. Complete her description of the apartment by filling in the blanks using words from the following list.

| loyer | choses | paresseux | placards | jardin | du |
| plantes | locataires | ordonnées | grand | lit | de l' |

Ce matin, j'ai vu (*I saw*) l'appartement idéal. Il est très _____ (1) et spacieux et il est

meublé: il y a un _____ (2) et une table de nuit, des _____ (3)

et beaucoup d'autres meubles. Derrière, il y a un petit _____ (4) avec de jolies

_____ (5). Il y a deux autres _____ (6), Justine et Christine.

Elles sont très sympas et _____ (7). Le _____ (8) n'est pas trop (*too*)

cher et le propriétaire _____ (9) appartement paie les charges (*utilities*). J'espère

que je vais avoir cet appartement!

H. Quel désordre! Julie is alarmed by the disorder of your side of the room. She finally has to speak up. Follow the model and use as many prepositions as possible.

> **Modèle:** (cravate)
> *Regarde ta cravate! Elle est par terre (on the floor) entre deux paires de chaussures!*

1. (raquette de tennis) _____

_____

2. (livres) _____

_____

3. (CD) _____

_____

4. (chaussettes) _____

_____

5. (parapluie) _____

_____

I. Les deux autres locataires. While she was visiting the apartment, Julie had the time to look at the other two roommates' bedrooms. From this simple observation, what can she conclude about their personality?

Dans la chambre de Christine, il y a une raquette et des chaussures de tennis sur une chaise. Il y a un MP3 sur la table de nuit et des rollers sous le lit. Au-dessus du bureau, il y a un poster de Degas et sur le bureau, il y a un ordinateur. Il y a aussi un vase avec des roses. Sur la table de nuit, il y a une photo d'un beau garçon avec un chat noir. Son placard est ouvert et il y a beaucoup de vêtements les uns sur les autres. Sur une étagère, il y a plusieurs livres d'informatique et une pile de magazines de sport.

Dans la chambre de Justine, il y a une chaîne hi-fi à côté du lit et des CD de jazz sur la table de nuit. Il y a un livre de Shakespeare et un dictionnaire français–anglais sur le bureau. Il y a beaucoup d'autres livres sur une grande étagère. Au-dessus du bureau, il y a un poster du film *Amélie* et sur le bureau, il y a beaucoup de bonbons et de chocolats. Il y a aussi une petite télévision et, à côté, un magazine sur les films étrangers.

1. Christine: Elle est _____

_____ .

Elle aime _____

_____ .

À l'université, elle étudie _____

_____ .

2. Justine: Elle est _____

_____ .

Elle aime _____

_____ .

À l'université, elle étudie _____

_____ .

Nom _____ Date _____ Cours _____

Des nombres à retenir (60 à 1 000 000)

J. Un coup d'œil sur la tour Eiffel. In a presentation about the
Eiffel Tower, Julie found the following statistics on the official website
www.tour-eiffel.fr. First look over the events listed from a–g and see
if you can match them with the correct date or number above. If the
number is written in word form, write the figure in the blank. If the
figure is given, spell it out in the blank. The first two are done for you.

___d___ **1.** 1832 <u>mille huit cent trent-deux</u>

___b___ **2.** six millions quatre cent vingt mille <u>6 420 000</u>

_____ **3.** 1889 _____

_____ **4.** 1665 _____

_____ **5.** deux cent vingt-deux millions neuf cent quatre mille six cent douze _____

_____ **6.** 324 mètres _____

_____ **7.** 11 euros _____

      a. le tarif adulte pour prendre l'ascenseur pour aller au sommet

      b. le nombre de visiteurs en 2005

      c. le nombre de marches *(steps)*

      d. la date de la naissance *(birth)* de Gustave Eiffel

      e. la date de la fin de la construction

      f. le nombre de visiteurs de 1889 à 2005

      g. la hauteur *(height)*

Réponses: 1. d, 2. b, 3. e, 4. c, 5. f, 6. g, 7. a

8. Now go to the official website of the Eiffel Tower (**www.tour-eiffel.fr**) and write down another piece of
information you learned.

_____

_____

Comment louer une chambre ou un appartement

K. Il est à vous! Julie is now talking with the landlord about the apartment.
She brought along the ad that she had seen in the classifieds. Complete the
conversation that she has with the landlord.

PROPRIÉTAIRE: Bonjour, mademoiselle. Vous cherchez une chambre à

              _____ (1), c'est ça?

JULIE: Oui, monsieur. Je _____ (2) une chambre

              meublée, alors cette chambre serait *(would be)* idéale pour

              moi. Quels *(Which)* _____ (3) est-ce qu'il y

              a exactement?

> CHAMBRE spacieuse
> dans bel appartement
> neuf, meublée, avec beau
> jardin. Calme. Placards.
> Salle de bains individuelle.
> Bus direction université et
> centre-ville, commerces à
> proximité. 430 dollars/
> mois (charges comprises).

PROPRIÉTAIRE: Alors, vous avez un lit, une table de nuit, deux lampes et beaucoup de

_____ (4). La chambre est très _____ (5) et spacieuse,

vous pouvez *(can)* aussi mettre *(put)* un _____ (6), une chaise et beaucoup

d'autres choses.

JULIE: Oui, c'est vraiment bien.

PROPRIÉTAIRE: Vous avez aussi une vue sur le _____ (7), et c'est très

_____ (8): il n'y a pas de voitures.

JULIE: Dans votre annonce *(ad)*, vous indiquez qu'il y a des _____ (9) pour aller

à l'université. Est-ce que l'arrêt *(stop)* est _____ (10) d'ici?

PROPRIÉTAIRE: Oui, c'est à trois minutes à pied *(on foot)*. Pour le _____ (11), je demande

_____ (12) dollars par mois plus 2 mois d'avance. C'est moi qui paie les

_____ (13): l'eau, l'électricité, etc.

JULIE: Très bien.

PROPRIÉTAIRE: Voilà… Est-ce que vous voulez _____ (14) un peu?

JULIE: Oh non, j'adore cette chambre!

PROPRIÉTAIRE: Eh bien, mademoiselle, vous avez l'air *(you seem)* sérieuse: la chambre est à vous!

JULIE: Fantastique! _____ (15) beaucoup, monsieur!

Synthèse: Comment trouver un colocataire en ligne

The academic year is starting in several weeks and you are looking for a place to live. You'd like to have a French roommate so you go on the website **appartager.fr** and find the following ads. Select an ad and explain your choice.

Modèle: *J'aime l'annonce no 1. Montmartre est un beau quartier de Paris et il est près de la faculté où je vais étudier, une chose importante. Khaled ne fume pas. Je ne veux pas habiter avec un fumeur. De plus, Khaled n'est pas toujours à l'appartement. Il va être possible d'inviter mes amis à l'appartement quand il n'est pas là. Il aime les colocataires ordonnés. Ça veut dire (means) qu'il est assez propre et ordonné et moi j'aime l'ordre. Il écrit un peu en anglais. Peut-être il aimerait avoir un colocataire qui parle anglais. Voilà, c'est mon choix. Je vais répondre à l'annonce de Khaled.*

1. Khaled	
Ville:	Paris, 75013
Loyer/coloc:	600€ par mois
Infos perso:	Khaled, 26 ans, Garçon, Salarié *(employed)*, Non-fumeur
Commentaires:	Cherche un colloc ordonné, discret et propre. Je suis pas toujours présent… bel appart et quartier sympa near Montmartre… quiet and clean!

2. Esther

Ville:	Paris, 75016
Loyer/coloc:	650.00€ Par Mois
Infos perso:	Esther, 23 ans, Fille, Étudiante, Non-fumeur

Commentaires:	bonjour à TOUTES!!! Je cherche une fille pour remplacer ma coloc qui part pour les études à l'étranger *(abroad)*. Je cherche donc quelqu'un qui peut m'aider avec le loyer. Je suis assez sérieuse et facile à vivre *(easy to live with)*.

3. Frédéric

Ville:	Paris, 75011
Loyer/coloc:	600.00€ Par Mois
Infos perso:	Frédéric, 27 ans, Garçon, Salarié, Fumeur

Commentaires:	About me: 31 ans, enseignant chercheur en urba et socio urbaine, calme et cool... Le mieux, c'est communiquer. Je propose un bel appartement de 70 m² à partager, 10e étage, grand balcon et vue panoramique.

4. Laeticia

Ville:	Paris, 75008
Loyer/coloc:	400.00€ Par Mois
Infos perso:	Laeticia, 23 ans, Fille, Étudiante, Fumeur

Commentaires:	URGENT... Je Propose SOUS LOCATION *(subletting)* pour 5 MOIS seulement dans studio tout meublé. Tout confort: lit, TV, cable, cuisine (micro, four, plaques...), salle de bain (WC, douche, lave linge...)

_____

_____

_____

_____

_____

_____

_____

_____

_____

_____

_____

_____

🌐 Perspectives culturelles

A. Read **La famille française** on page 63 and complete the following sentences with the appropriate word.

1. Pour les Français, la famille est une valeur _____ importante.
   a. assez
   b. très
   c. pas du tout

2. Mais, comme aux États-Unis, le divorce est _____ fréquent.
   a. peu
   b. assez
   c. pas du tout

3. Souvent, les jeunes Français choisissent *(choose)* une université _____ loin de la maison de leurs parents.
   a. assez
   b. très
   c. pas

4. La majorité des jeunes pensent que les relations avec leurs parents sont _____ bonnes.
   a. assez
   b. très
   c. pas du tout

5. Selon *(According to)* le texte, pour les jeunes Français, le foyer est un lieu *(place)* où ils peuvent trouver *(can find)* _____.
   a. amour *(love)* et santé
   b. argent *(money)* et confort
   c. sécurité et stabilité

B. Read **Les Français et leurs animaux domestiques** on page 72 of your textbook and complete the following sentences with the appropriate word(s).

1. On aime les chiens parce qu'ils sont _____.
   a. joueurs et loyaux
   b. affectueux et fidèles
   c. gentils et canins

2. Les Français aiment aussi _____.
   a. les poissons et les perroquets
   b. les reptiles et les lapins
   c. les rongeurs et les crocodiles

3. À Paris, les chiens posent des problèmes de/d' _____.
   a. discipline
   b. hygiène
   c. convivialité

4. Selon le texte, les Américains sont choqués quand ils voient *(they see)* _____.
   a. un chien dans un restaurant
   b. un chat sur un trottoir
   c. des hamsters dans un lieu public

C. Voix en direct: Les chiens dans les lieux publics

Read the **Voix en direct** section on page 73 of your textbook and answer the questions below.

1. Under what conditions does Patrick Sorbet allow customers to bring their dogs into his restaurant? What does he think is the positive benefit of his policy?

_____

_____

_____

2. Marc Varteau asks a series of questions to defend dogs' right to be in a restaurant. Taking the position of one against dogs in restaurants, provide responses (in English) to Marc's questions.

_____

_____

_____

Travail et loisirs

✻ Module 4

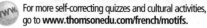
For more self-correcting quizzes and cultural activities,
go to **www.thomsonedu.com/french/motifs**.

Les métiers

A. Métiers d'hier et d'aujourd'hui. The chart below shows the changes that have taken place in French work patterns from 1975 to 2003. Look over the chart and answer the following questions.

Évolution de la structure de la population active *(working)* **totale (en milliers** *[in thousands]***):**

	1975	2003
Agriculteurs exploitants	1 691	618
Artisans, commerçants, chefs d'entreprise	1 767	1 500
Cadres et professions intellectuelles supérieures (total)	1 552	3 493
• professions libérales	186	329
• cadres	1 366	3 164
Professions intermédiaires (clergé; techniciens; instituteurs)	3 480	5 293
Employés (total)	**5 362**	**7 737**
• policiers et militaires	637	523
• autres employés	4 725	7 214
Ouvriers	8 118	7 139
Chômeurs n'ayant jamais travaillé	72	237
Population active	22 042	26 044

Chart from *Francoscopie 2005*, page 303. Statistics from INSEE

1. Has the number of white collar workers (i.e., **employés, cadres, techniciens**) decreased or increased in France over this period of time? Justify your response by citing some sample job categories.

_____

2. How much bigger is the working population (**population active**) in 2003 than in 1975?

_____

3. Which categories have declined since 1975?

_____

4. Has the number of doctors, lawyers, and professional executives increased? Cite a sample statistic to justify your response.

_____

5. What changes in unemployment (**chômeurs**) occurred over this time period?

_____

B. La profession idéale. Look at the following illustrations showing the real occupations of some Parisians. What do you imagine their ideal professions to be? Following the model, write a sentence contrasting the real and ideal professions. If you like, you can also draw the ideal profession next to the real one.

Modèle: Noëlle Médart

Noëlle est institutrice, mais *elle aimerait être actrice.*

1. René Gosso

René est conducteur de camion, mais

_____

2. Estelle Bouvard

Estelle est comptable, mais

_____

3. Karim Azoulay

Karim est facteur, mais

_____

4. Agnès Marchand

Agnès est femme d'affaires, mais

_____

C. Les petites annonces. Here are some job ads from a French newspaper. Fill in the name of the job, as in the model.

Modèle: Recherche *professeur* pour donner des cours de littérature à des étudiants de 18 à 24 ans. Université de Paris IV.

1. Recherche _____ diplômé, avec dix ans d'expérience dans la défense des accidentés de la route. Tribunal de Lyon.

2. Recherche _____ pour s'occuper de mes deux enfants (cinq ans et huit ans), de 15 heures à 19 heures, quatre fois par semaine.

3. Recherche _____ diplômé(e) avec expérience en pédiatrie.

4. Recherche _____ qualifié pour réparation de voitures d'importation Mercédès et Volvo.

5. Recherche _____ pour hôtel-café-restaurant à Lausanne.

6. Recherche _____ ayant au moins cinq ans d'expérience avec les ordinateurs.

7. Recherche _____ organisé(e) et autonome, ayant deux ans d'expérience (prise de rendez-vous, réception d'appels, tenue d'agenda).

❄ **Voir Structure 4.1** Talking about jobs and nationalities *Il / Elle est* ou *C'est* + *métier / nationalité*

D. Une compétition. Paul, Virginie and Arthur are very competitive. Here, they are testing their knowledge of French and American celebrities. Complete their dialogue with **un, une, des,** or **0** if no article is required.

Virginie: Paul, tu connais Paula Abdul?

Paul: Ben, bien sûr! C'est _____ (1) chanteuse américaine. Et en plus, elle est _____ (2) juge dans l'émission *(show)* American Idol.

Arthur: Paul a raison *(is right)*. Mais moi, je sais autre chose *(something else)* sur Paula Abdul: c'est aussi _____ (3) choréographe expérimentée.

Virginie: Vous oubliez *(You are forgetting)* qu'elle est _____ (4) danseuse à la base.

Paul: Ok, ok, mais toi, est-ce que tu connais Benicio Del Toro?

Virginie: Hmmm, attends, je réfléchis… est-ce que c'est _____ (5) acteur espagnol?

Paul: Eh bien, il est _____ (6) acteur, mais il n'est pas _____ (7) espagnol.

Arthur: Moi, je sais! Il est _____ (8) portoricain. Je l'adore, il a joué dans le film *Traffic* avec Michael Douglas et Catherine Zeta-Jones. Il y a aussi un autre acteur, Jacob Vargas. Benicio Del Toro et lui, ils sont _____ (9) policiers dans le film. Tous les deux, je trouve que ce sont _____ (10) acteurs excellents!

Paul: Bon, bon, très bien, deux points pour toi…

Les lieux de travail

❋ **Voir Structure 4.2** **Telling where people go to work** *Le verbe **aller** et la préposition **à***

E. Le trajet du matin. Indicate where the following people are going to work.

Modèle: Jacques est cuisinier; il *va au restaurant* en bicyclette.

1. Nicole est infirmière; elle _____ à pied.

2. Monsieur et Madame Legendre sont ouvriers chez Renault; ils _____ en bus.

3. Mon collègue et moi sommes professeurs de sciences économiques à la Sorbonne; nous _____

_____ ensemble.

4. Toi, tu es banquière; tu _____ avec Paul, n'est-ce pas?

5. Monsieur Privat est chef d'entreprise; il _____ en taxi.

6. Vous, vous êtes maire; à quelle heure est-ce que vous _____ ?

7. Catherine Rochard et Évelyne Rolland sont actrices; elles _____ tous les soirs.

Comment dire l'heure

F. C'est à quelle heure? Your American friend, Jake, is not familiar with the twenty-four-hour clock. Help him with his schedule by converting the following official times, as in the model.

Modèle: restaurant universitaire, 12h35
Tu vas déjeuner avec Alice à *une heure moins vingt-cinq / midi trente-cinq.*

1. la Sorbonne, 13h50

Tu as un cours de chimie à _____ .

2. club de sport Vaugirard, 15h45

Tu vas à la piscine à _____ .

3. Café de Flore, avec Pierre et Jacques, 17h00

Tu as rendez-vous avec Pierre et Jacques à _____ .

4. chez Julien, 19h15

Tu dînes chez Julien à _____ .

5. cinéma Odéon avec Valérie, 21h35

Tu vas voir un film avec Valérie à _____ .

G. En retard! Your neighbor is about to miss his train, **le RER,** to Paris. Complete the following conversation.

VOTRE VOISIN: Excusez-moi! _____ (1) heure est-il, s'il vous plaît?

VOUS: _____ (2) 15h35.

VOTRE VOISIN: _____ (3) quelle _____ (4) part le prochain *(next)*

RER pour Paris?

Vous: _____ (5) 15h45.

Votre voisin: Dans dix minutes! Mon Dieu, je suis _____ (6)!

Vous: Alors, venez avec moi en voiture. C'est plus rapide.

Votre voisin: Merci beaucoup!

Les loisirs

❈ **Voir Structure 4.3** Talking about activities *Les verbes **faire** et **jouer** pour parler des activités*

H. Vos activités. Describe the activities you and your friends and family members usually do by completing the following sentences with expressions with **jouer** and **faire.**

1. Quand je suis à la mer en été, je _____

_____ .

2. Après les cours à l'université, mes amis et moi, nous _____

_____ .

3. Quand mon meilleur ami est à la montagne en hiver, il _____

_____ .

4. Le week-end, ma meilleure amie _____

_____ .

5. Tous les étés, mes parents _____

_____ .

6. Après le déjeuner, ma camarade de chambre et moi, nous _____

_____ .

I. Questions personnelles. Answer the following questions with a complete sentence.

1. Quel(s) sport(s) faites-vous pendant l'année scolaire?

_____ .

2. À quelle heure avez-vous votre cours de français?

_____ .

3. Qui fait le ménage et la cuisine chez vous?

_____ .

Nom _____ Date _____ Cours _____

Les projets

❉ **Voir Structure 4.4 Making plans** *Le futur proche*

J. Les projets. Tomorrow is President's Day. Paul, Fatima and Virginie are talking about their plans for the weekend. Complete the sentences using **le futur proche** and selecting a logical element from the list.

faire une promenade à vélo	faire la cuisine	faire des courses
étudier non-stop	faire du jogging	faire
ne pas être	passer un bon week-end	

PAUL: Qu'est-ce que vous _____ (1), ce week-end?

FATIMA: Ma sœur et son copain viennent *(come)* chez moi. Alors, je _____ (2) au super-marché, mais je ne sais pas cuisiner, alors ils _____ (3) pour moi. Super, non?

Samedi matin, nous _____ (4) le long de *(along)* la plage, et après je ne sais pas, on verra *(we'll see)*!

VIRGINIE: Moi, mon week-end _____ (5) très amusant: j'ai deux gros examens mardi, alors je _____ (6).

FATIMA: Et toi, Paul, est-ce que tu _____ (7) dimanche matin, comme d'habitude *(as usual)*?

PAUL: Non, je suis tombé *(I fell)* en faisant du tennis, alors je ne peux pas courir.

VIRGINIE: Eh bien, il n'y a que *(only)* Fatima qui *(who)* _____ (8)!...

❉ **Voir Structure 4.5 Asking questions** *L'interrogatif*

K. Un problème de réception. Your friend Stan calls you to finalize your weekend plans. However, he is driving in the mountains, and his cell phone keeps going out. Consequently, you have to repeat everything! Complete the dialogue using **est-ce que.** The first question has been written to serve as an example.

STAN: Salut! Comment vas-tu?

VOUS: Bien! Merci! Alors, **est-ce qu'on va à la piscine samedi matin?**

STAN: Comment? Qu'est-ce que tu dis?

VOUS: *Est-ce qu'on va à la piscine samedi matin?*

STAN: Oui, si tu veux. À dix heures; et sois *(be)* à l'heure, ok?

VOUS: Ok! Dis-moi, c'est vrai que **Paul va en boîte avec Hélène vendredi soir?**

STAN: Comment? Je n'entends pas! Répète, s'il te plaît!

VOUS: _____ (1)?

STAN: Je ne sais pas. Si c'est vrai, c'est incroyable *(unbelievable)*!

VOUS: Ouais. Et nous, vendredi soir, **on va au resto?**

STAN: Quoi?

VOUS: _____ (2)?

STAN: Ah, non, je ne peux pas. Je fais du baby-sitting.

VOUS: **Tu fais du baby-sitting pour ta sœur?**

STAN: Hein? Oh! Écoute, je n'entends rien avec ce portable!

VOUS: _____ (3)?

STAN: Oui, oui, pour ma sœur Juliette. Elle et son mari vont aller au cinéma, alors je garde leur petite fille.

VOUS: Bon. Une dernière question! **Tu vas jouer au tennis avec moi demain après-midi ou non?**

STAN: Tu peux répéter, s'il te plaît… décidément, la connexion est trop mauvaise!

VOUS: _____ (4)?

STAN: Non, je vais faire mes devoirs pour lundi, désolé!

VOUS: Ça ne fait rien. Allez, je te laisse. Passe une bonne soirée. À samedi!

L. Les ennuis continuent... Stan's car ran out of gas in the mountains. He calls the hotel where he will be staying for the night to ask for help. The connection is still bad and both Stan and the hotel receptionist have to repeat themselves. Complete their dialogue using inversion.

RÉCEPTIONNISTE: Réception de l'hôtel *Les Sapins,* bonjour.

STAN: Bonjour, Stan Dupontel à l'appareil. J'ai un problème avec ma voiture. **Est-ce que vous avez la possibilité d'envoyer quelqu'un me chercher** (*pick me up*)?

RÉCEPTIONNISTE: Allô, M. Dupontel? Pouvez-vous répéter, s'il vous plaît?

STAN: _____ (1)?

RÉCEPTIONNISTE: Ça dépend où vous êtes. **Est-ce que vous êtes loin de l'hôtel?**

STAN: Excusez-moi, je n'ai pas entendu (*didn't hear*) la question.

RÉCEPTIONNISTE: _____ (2)?

STAN: Non, à moins de 10 kilomètres.

RÉCEPTIONNISTE: Très bien. Quelqu'un va venir. M. Dupontel, **est-ce que vous allez dîner dans votre chambre ou au restaurant ce soir?**

STAN: Pardon?

RÉCEPTIONNISTE: _____ (3)?

STAN: Dans ma chambre, je suis très fatigué. Au fait, est-ce qu'il y a une connexion Internet dans la chambre?

RÉCEPTIONNISTE: Comment?

STAN: _____ (4)?

RÉCEPTIONNISTE: Oui, M. Dupontel.

STAN: Parfait! À très bientôt!

Synthèse: À l'Agence Nationale pour l'Emploi (ANPE)

You are doing a summer internship at the **ANPE,** a French government employment agency. Using the file information given, write a letter to introduce the candidates below to a prospective employer.

Modèle: Fiche de renseignements ANPE
Nom: Jeannet
Prénom: Élisa
Âge: 31 ans
Domicile: 38, avenue de Gaule, Toulouse
Métier: secrétaire
Recherche: temps complet
Salaire: 23 000 euros/an
Loisirs: danse, dessin

Notes pour le dossier ANPE
Elle s'appelle Élisa Jeannet et elle a 31 ans. Elle habite 38, avenue de Gaule à Toulouse. Elle est secrétaire et elle cherche un travail à temps complet. Elle demande un salaire de 23 000 euros par an. Elle aime faire de la danse et du dessin.

1.

Fiche de renseignements ANPE			
Nom	Bensaïd	**Métier**	professeur de mathématiques
Prénom	Magali	**Recherche**	temps partiel
Âge	34 ans	**Salaire**	15 000 euros/an
Domicile	18, rue Briçonnet, Tours	**Loisirs**	bateau, tennis, planche à voile

Notes pour le dossier ANPE

_____

_____

_____

_____

2.

Fiche de renseignements ANPE			
Nom	Broussard	**Métier**	architecte
Prénom	Hector	**Recherche**	temps complet
Âge	45 ans	**Salaire**	45 000 euros/an
Domicile	3, rue des Canaris, Lyon	**Loisirs**	golf, films américains des années 50 et peinture

Notes pour le dossier ANPE

_____

_____

_____

_____

3. Now imagine that you have found a job that interests you. Complete the information card and create a short letter introducing yourself to the prospective employer.

Fiche de renseignements ANPE

Nom: _____

Prénom: _____

Âge: _____

Domicile: _____

Métier: _____

Recherche: _____

Salaire: _____

Loisirs: _____

Notes pour le dossier ANPE

_____

_____

_____

_____

4. As part of your job, you also set up files for job candidates over the phone. Write out the questions you would ask them to get the information required for your files (for example, age, address, hobbies, etc.).

Questionnaire ANPE

Question 1 _____

Question 2 _____

Question 3 _____

Question 4 _____

Question 5 _____

🌐 Perspectives culturelles

A. Reread **Le travail moins traditionnel** on page 99 in your textbook and answer the following questions.

1. Imaginez un week-end typique de Sara. Quels sont ses loisirs et ses activités?

_____

_____

_____

2. À votre avis *(In your opinion)*, qu'est-ce qu'Alain aime faire pendant le week-end?

_____

_____

_____

B. Read **Le sport** on page 102 in your textbook. Match the definitions in the left column with the appropriate words in the right column.

_____ **1.** un type de sport qui attire de plus en plus de *(more and more)* Français depuis quelques années

_____ **2.** une association qui organise des compétitions et de l'entraînement

_____ **3.** des exemples de sports que de plus en plus de Français pratiquent

_____ **4.** des exemples de sport en club qui attirent de plus en plus de Français

_____ **5.** des sports que les Français regardent à la télé

_____ **6.** le nombre de Français qui ont une licence dans un club

a. un club

b. le handball, la pétanque, l'équitation

c. l'escalade, le parapente, le canoë-kayak

d. les sports d'aventures ou de découvertes

e. une licence

f. le foot et le rugby

g. le tennis et le badminton

h. 2 Français sur 3

i. 10 millions

C. Voix en direct: Est-ce que vous faites du sport? Read the **Voix en direct** section on page 103 of your textbook and answer the questions below.

1. Quel sport pratique chaque personne?

_____ 1. le rugby

_____ 2. la course à pied

_____ 3. le volley

a. Vanessa DeFrance

b. Pierre-Louis Fort

c. Delphin Ruché

2. Avant *(Before)* d'arriver en France, Vanessa faisait *(used to play)* beaucoup de sports. Maintenant, elle fait moins de sport. Et vous, est-ce que vous faites moins de sport maintenant que vous étudiez sue ce campus? Pourquoi?

_____

_____

_____

_____

On sort?

 ✿ **Module 5**

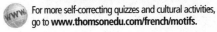 For more self-correcting quizzes and cultural activities, go to **www.thomsonedu.com/french/motifs**.

Comment parler au téléphone

✿ **Voir Structure 5.1** Talking about what you want to do, what you can do, and what you have to do
*Les verbes **vouloir**, **pouvoir** et **devoir***

A. Une conversation téléphonique. You are a Canadian student studying French literature at the Sorbonne. You have just met a new friend, Clément, at the **fac.** He calls to invite you to the department picnic next Sunday. Fill in the blanks with the correct forms of **vouloir, pouvoir,** and **devoir.**

CLÉMENT: Allô. Bonjour, c'est Clément.

VOUS: Bonjour, Clément, comment vas-tu?

CLÉMENT: Bien, merci. Dis-moi, est-ce que tu _____ (1) aller à un pique-nique ce week-end avec les amis de la fac de lettres?

VOUS: Oui, euh, je _____ (2) bien, mais malheureusement je ne _____ (3) pas car je _____ (4) présenter un exposé *(oral presentation)* lundi.

CLÉMENT: Écoute, le pique-nique commence vers 13 heures. Si *(If)* tu _____ (5), nous _____ (6) partir vers 14 heures. Comme ça, tu _____ (7) travailler avant!

VOUS: C'est gentil, mais le professeur _____ (8) un travail très compliqué. Deux amies de l'université _____ (9) m'aider. Alors, tu vois, je n'ai vraiment pas le temps de venir au pique-nique! Nous _____ (10) faire autre chose le week-end prochain.

CLÉMENT: D'accord! Alors travaille bien, mais ne te fatigue pas trop! À bientôt!

Comment inviter

✿ **Voir Structure 5.2** Talking about going out with friends *Les verbes comme **sortir***

B. Les week-ends de Clément. Clément tells you how he usually spends his weekend. Complete his description by writing the correct form of **sortir, partir, dormir,** or **servir.**

Moi, le week-end, c'est relax! Je _____ (1) jusqu'à *(until)* onze heures du matin le samedi, parce que mon meilleur ami et moi, nous _____ (2) en boîte le vendredi soir. Nous allons toujours au même endroit *(place):* Les Caves du Roy. Nous aimons bien cette boîte parce que les barmen _____ (3) d'excellents cocktails et la musique est vraiment cool. Ensuite, le

samedi après-midi, j'étudie chez moi ou à la bibliothèque avec des amis pendant trois ou quatre heures,

et le soir, je vais au restaurant ou je cuisine chez moi. Le dimanche matin, je _____ (4)

très tôt pour aller faire une promenade en forêt: j'adore la nature le matin! Pendant que *(While)* le reste de la

ville _____ (5) bien au chaud *(nice and warm)* au lit, moi, j'admire les oiseaux. C'est

formidable!

C. Les invitations. There are so many things to see and do in Paris! Use a variety of expressions on page 127 of your textbook to invite your friend(s) to join you in the following activities. Use a different expression for each invitation.

1. MUSIQUE. Vous voulez inviter votre camarade de chambre au concert de Raphaël.

_____.

2. DANSE. Vous voulez inviter un ami à voir un spectacle de danse à l'Opéra de Paris.

_____.

3. THÉÂTRE. Vous voulez inviter vos camarades de classe à voir la pièce *La Cantatrice chauve* au théâtre de la ville.

_____.

4. CINÉMA. Vous voulez inviter trois amis, Clément, Pauline et Isabelle, à aller à Cannes pour assister au festival du film.

_____.

5. RESTAURANT. Vous voulez inviter votre meilleur(e) ami(e) à dîner dans un nouveau restaurant marocain.

_____.

D. Des amis très différents. Your new friends are all very different. Pauline always accepts all your invitations, Rémi always refuses them and Arthur can never decide. Imagine your friends' answers when you invite them to do the following activities. Use a different expression for each answer.

1. VOUS: Est-ce que tu veux venir au restaurant demain soir avec moi et Jean-Pierre?

(+) PAULINE: _____.

(−) RÉMI: _____.

(+/−) ARTHUR: _____.

2. VOUS: Je vais regarder le film *Les Choristes* ce soir. Tu veux le voir *(watch it)* avec moi?

(+) PAULINE: _____.

(−) RÉMI: _____.

(+/−) ARTHUR: _____.

3. VOUS: Je vais étudier à la bibliothèque cet après-midi. Tu veux venir?

(+) PAULINE: _____.

(−) RÉMI: _____.

(+/−) ARTHUR: _____.

E. Questions personnelles. Answer the following questions with complete sentences.

1. Que faites-vous avec vos amis le week-end?

_____ .

2. Quand vous allez au cinéma, vous sortez après le film? Où est-ce que vous allez?

_____ .

3. Qui doit payer quand vous sortez avec un(e) ami(e)?

_____ .

Rendez-vous au café

F. Chassez l'intrus. Circle the drinks that do not fit in the following lists and identify the category the other drinks belong to.

> **Modèle:** un café, un coca light, un Orangina, une eau minérale
> **Catégorie:** *des boissons sans calories*

1. un chocolat chaud, un thé citron, un expresso, un jus d'orange, un café au lait

   Catégorie: _____

2. un jus de tomate, un Coca-Cola, une infusion, une eau minérale, une limonade

   Catégorie: _____

3. un cappuccino, un vin rouge, une bière, une coupe de champagne, un vin blanc

   Catégorie: _____

4. un jus d'orange, un demi, un jus de pomme, un verre de lait, un Orangina

   Catégorie: _____

❀ **Voir Structure 5.3** Using pronouns for emphasis *Les pronoms accentués*

❀ **Voir Structure 5.4** Talking about eating and drinking *Prendre, boire et les verbes réguliers en -re*

G. Qu'est-ce que vous prenez? Clément, Pauline, and Isabelle have accepted your invitation to the Cannes Film Festival! Imagine that the four of you are now sitting on a **terrasse** having a drink and watching the stars go by. Complete your conversation by using words from the list below, conjugating the verbs as needed.

comprendre	elle	prendre	attendre	boire	descendre	lui

Vous: Regarde! C'est Catherine Zeta-Jones qui _____ (1) de la limousine!

C'est qui avec _____ (2)?

Isabelle: Je crois que c'est Michael Douglas.

Clément: Est-ce que tu _____ (3) ce qu'ils disent?

Pauline: Mon anglais n'est pas très bon mais je crois qu'ils parlent de leur agent.

Ils _____ (4) son arrivée.

Vous: Qu'est-ce qu'ils _____ (5) comme boissons?

Isabelle: Catherine, elle _____ (6) un cappuccino et Michael,

_____ (7), il _____ (8) un verre de cognac!

H. En avant-première. Clément and Pauline have gone to ask Catherine Zeta-Jones for her autograph. Meanwhile, Isabelle and you stay at the terrasse and talk about the festival and its stars. Complete the conversation with stress pronouns: **moi, toi, elle/lui, nous, vous, eux/elles.**

VOUS: Pauline admire beaucoup Michael Douglas, mais Clément, _____ (1), il

    préfère Catherine Zeta-Jones.

ISABELLE: _____ (2), j'aimerais beaucoup faire la connaissance de Samuel L. Jackson.

    Et _____ (3), qui est-ce que tu voudrais rencontrer (meet)?

VOUS: Je ne sais pas... J'aime bien Clint Eastwood et Sean Penn, aussi. Avec

    _____ (4), les conversations sont sûrement très intéressantes.

Clément et Pauline reviennent avec un autographe.

ISABELLE: Alors, elle est comment, Catherine Zeta-Jones?

CLÉMENT: Ahh, la vie avec _____ (5) doit être le paradis!

PAULINE: Oui, elle est très sympa. Regardez: deux billets pour l'avant-première de son nouveau

    film demain soir!

VOUS: Pour _____ (6) deux?

PAULINE: Eh oui, pour _____ (7) deux seulement! Désolée!

La météo

I. La météo canadienne. You have not heard the news in days and would like to know how the weather has been back home in Canada and the northern United States. At a **cyber-café,** you find the following map online. Describe the weather in the cities listed below to your French friends.

  Modèle: à Seattle
    À Seattle il y a du soleil et il fait 52 degrés Fahrenheit / 11 degrés Celsius.

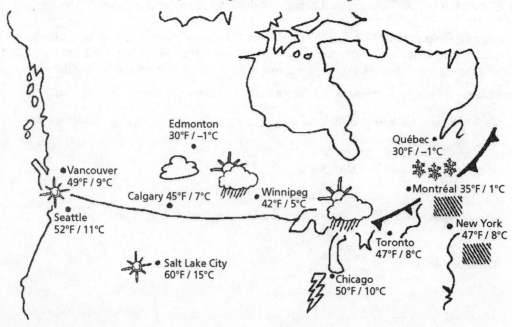

1. à Québec

_____

2. à Chicago

_____

3. à New York

_____

4. à Vancouver

_____

5. à Calgary

_____

6. à Edmonton

_____

Comment faire connaissance

❀ **Voir Structure 5.5** **Asking specific questions** *Les mots interrogatifs*

J. Quelle coïncidence! Some Canadians sitting at a nearby table overhear you and strike up a conversation. They are curious about your study abroad. Write out their questions using the elements given and varying the construction of their questions (use subject-verb inversion, **est-ce que** or intonation).

> **Modèle:** Pourquoi / assister / au festival du film?
> *Pourquoi est-ce que vous assistez au festival du film?*

1. Comment / s'appeler?

_____?

2. Que / étudier / à la Sorbonne?

_____?

3. Où / habiter / à Paris?

_____?

4. Combien de jours / passer / à Cannes?

_____?

5. Quand / rentrer / à Paris?

_____?

K. Beaucoup de questions! During your trip to Cannes, you have discovered that Clément is quite outgoing. He seems to start up conversations with everyone. Using the expressions on page 137 of your textbook, imagine the questions he asks in the following situations.

> **Modèle:** un couple assis *(seated)* sur un banc *(bench)* sur la Promenade des Anglais
> *Quel beau temps, non?*

1. une femme assise près d'une chaise libre *(empty)*

_____?

2. deux Italiens qui achètent des cartes postales au kiosque

_____?

3. une femme qui vend des guides touristiques

_____?

4. un homme qui regarde sa montre tout le temps

_____?

5. une jeune femme avec un T-shirt de la Sorbonne

_____?

L. On sort ce soir. After the first film screening, you and Pauline go out for a drink. Fill in the blanks of your dialogue with a logical word, phrase, or question.

PAULINE: Quel temps magnifique!

VOUS: Oui, _____ (1). Dis-moi, qu'est-ce que tu _____ (2)?

PAULINE: Un jus d'orange bien frais!

VOUS: Bonne idée! _____ (3) aussi! Ah, voilà le serveur. S'il vous plaît! Apportez-nous *(Bring us)* _____ (4). Ah! C'est très agréable d'être en vacances! Hélas, ce n'est pas pour toujours!

PAULINE: C'est vrai. Nous _____ (5) à Paris dans deux jours pour préparer les examens de fin d'année.

VOUS: Mais ce soir nous n'avons pas de projets. Tu _____ (6) aller faire une promenade sur la plage?

PAULINE: D'accord. Oublions *(Let's forget about)* les examens! Et demain nous

_____ (7) voir deux nouveaux films, le premier à 15h et le deuxième à 22h.

VOUS: Zut!

PAULINE: Qu'est-ce qu'il y a? *(What's the matter?)*

VOUS: Je ne _____ (8) pas aller au cinéma à 22h demain soir parce que je dois rester à l'hôtel pour téléphoner à mes parents au Canada!

PAULINE: C'est dommage. Je ne _____ (9) pas y aller toute seule *(all alone)*!

Synthèse: Une soirée idéale

Imaginez votre soirée idéale. Avec qui sortez-vous? Où allez-vous? Que faites-vous avant et après? Décrivez votre soirée idéale comme dans le modèle.

Modèle: *Pour ma soirée idéale, je sors au restaurant et au théâtre avec mon copain. Nous adorons manger et voir des spectacles, alors c'est parfait. Ma soirée idéale se passe (takes place) à Paris. D'abord, nous allons dîner dans un bon restaurant parisien. Ensuite, nous allons voir un ballet à l'Opéra de Paris. Après, nous allons au Café de la Paix pour prendre une boisson délicieuse et un bon dessert. Moi, je prends un cognac. Mon copain, il prend du champagne. Nous partageons (share) une tarte aux fruits. C'est délicieux! Puis, nous faisons une promenade au bord de la Seine avant de rentrer.*

_____

_____

_____

_____

_____

_____

_____

_____

_____

_____

_____

_____

_____

🌐 Perspectives culturelles

A. Le cinéma. Reread **Le cinéma français** on page 129 of your textbook, and provide the appropriate answers.

1. _____ a/ont inventé une machine qui projette rapidement des photos pour donner l'illusion de mouvement.

    a. Cocteau et Renoir
    b. Charlie Chaplin
    c. Les frères Lumière

2. Le lieu de naissance du film est _____.

    a. Paris
    b. Londres
    c. Hollywood

3. Paris est la meilleure ville du monde pour les cinéphiles parce que _____.

    a. les films sont sélectionnés et seuls *(only)* les meilleurs films passent à l'écran
    b. il n'y a pas de blockbusters
    c. beaucoup de films étrangers sont sous-titrés et le choix de films est très grand (plus grand qu'à New York ou à Londres)

4. En France, les blockbusters sont en général _____.

    a. sous-titrés
    b. doublés en français
    c. présentés en version originale

5. Selon le texte, les Français sont très difficiles dans leurs choix cinématographiques et ils regardent seulement *(only)* des films d'art ou des films intellectuels.

    a. vrai
    b. faux

    Justifiez votre réponse: _____

B. Le café. Reread **Le café** on page 133 of your textbook, and provide the appropriate answers.

1. Selon le texte, les cafés vont sûrement disparaître bientôt.

    a. vrai
    b. faux

    Justifiez votre réponse: _____

2. Le premier café français ouvre *(opens)* ses portes _____.

    a. en 1500
    b. au dix-septième siècle
    c. au vingtième siècle

3. Qu'est-ce qu'on fait dans un café en France? Pourquoi les cafés sont-ils importants?

    _____

C. Voix en direct: Vous allez au café combien de fois par semaine? Reread **Voix en direct** on page 133 of your textbook, and provide the appropriate answers.

1. Qu'est-ce que Nicolas cherche dans un café?

    a. de bons croissants

    b. une bonne terrasse

    c. des prix raisonnables

2. Julien passe beaucoup de temps au café. Relisez sa réponse et complétez le tableau suivant.

Moment de la journée	Le temps passé au café	Sa commande (*order*)
Le matin		
À midi		
L'après-midi		

3. Selon (*According to*) Vanessa,

    a. elle ne va jamais (*never*) seule au café.

    b. on ne doit pas regarder les gens qui passent.

    c. on n'est jamais seul dans un café.

Qu'est-ce qui s'est passé?

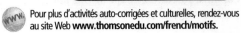 Pour plus d'activités auto-corrigées et culturelles, rendez-vous au site Web **www.thomsonedu.com/french/motifs.**

Hier

❁ **Voir Structure 6.1 Talking about what happened** *Le passé composé avec* ***avoir***

A. Le dernier jour de cours. Hier, c'était le dernier jour de cours avant les vacances d'hiver. Dites ce que les étudiants ont fait en utilisant les verbes de la liste au passé composé.

acheter	lire	travailler	faire
prendre	changer	ne pas regarder	

1. Kim _____ toute la nuit pour être prête *(ready)* pour son examen final de maths.

2. Laurence et Élise _____ des photos du campus pour les montrer à leurs parents.

3. Ken _____ sa valise avant de rentrer chez lui en avion.

4. Je (J') _____ beaucoup de livres et de magazines pour les lire dans le train.

5. Brian et moi, nous allons faire une excursion en Italie après notre dernier examen.

   Nous _____ beaucoup de guides en ligne sur la Toscane. De plus,

   nous _____ nos dollars en euros.

6. Tu as trois examens à passer aujourd'hui. Alors, j'imagine que tu _____ le match de foot à la télé hier soir!

❁ **Voir Structure 6.2 Expressing past time** *Les expressions de temps au passé*

B. La fin du semestre à la fac. Étienne vient de terminer *(just finished)* son premier semestre à l'université. Il pense aux changements dans sa vie depuis *(since)* le lycée *(high school)*. Complétez le passage avec les expressions de temps suivantes: **le week-end dernier, le mois dernier, l'année dernière, il y a, pendant, hier soir.**

J'ai fini mon premier semestre à la fac! C'est difficile d'imaginer que _____ (1), j'étais

(was) toujours au lycée. Oui, _____ (2) six mois, j'ai dit au revoir à mes profs du lycée

pour la dernière fois. Je suis fatigué aujourd'hui parce qu(e) _____ (3) j'ai passé cinq

heures à étudier à la bibliothèque! Mon copain Eyméric a étudié _____ (4) cinq heures

aussi. Ce week-end va sûrement être beaucoup plus amusant que _____ (5)!

Nom ____________________ Date ____________ Cours ____________

Comment raconter une histoire (introduction)

C. Une dernière soirée avant le départ. Étienne est sorti une dernière fois avant les vacances avec ses copains. Racontez ce qu'ils ont fait en mettant les phrases suivantes dans l'ordre chronologique. Utilisez le passé composé et les expressions suivantes.

d'abord puis ensuite après enfin

chercher un bon film dans *Pariscope* (je)
prendre le métro pour aller au cinéma (nous)
prendre un verre au café à côté du cinéma pour discuter du film (on)
quitter le café assez tôt car je devais *(I had to)* faire mes valises (je)
téléphoner à mes copains pour leur proposer d'aller voir le film (je)
voir le film ensemble (nous)

1. ____________________
2. ____________________
3. ____________________
4. ____________________
5. ____________________
6. ____________________

Parlons de nos voyages

❁ Voir Structure 6.3 **Narrating in the past** *Le passé composé avec **être***

D. À la montagne. Étienne et ses deux meilleurs amis, Angèle et Eyméric, ont passé leur première semaine de vacances dans les Alpes. De retour chez lui, Étienne raconte ses vacances à ses parents. Complétez le dialogue en conjugant les verbes au passé composé.

LE PÈRE: Alors, vous avez passé de bonnes vacances, toi et tes amis?

ÉTIENNE: Oui. Nous ____________ (1. arriver) là-bas avec beaucoup d'enthousiasme, mais nous ____________ (2. repartir) avec beaucoup de bleus *(bruises)*!

LA MÈRE: Est-ce que tu ____________ (3. tomber) en faisant du snowboard *(while snowboarding)*?

ÉTIENNE: Oh oui, plus d'une fois *(more than once)*!

LE PÈRE: Comment est-ce que vous ____________ (4. monter) sur le remonte-pente *(ski lift)* avec vos planches *(boards)*? Ça doit être difficile, non?

ÉTIENNE: Ce n'est pas facile, mais c'est une question d'habitude. Une fois, Angèle ____________ (5. tomber) devant le remonte-pente, et le siège *(seat)* ____________ (6. passer) à deux centimètres au-dessus de sa tête!

LA MÈRE: Comme c'est dangereux! Est-ce que vous _____ (7. rester) dans un hôtel confortable au moins?

ÉTIENNE: Oui. Mais tu sais, quand tu es épuisé *(exhausted)*, un lit *(bed)* est un lit! Nous étions *(were)* tellement *(so)* fatigués que nous _____ (8. ne pas sortir) en boîte une seule fois! Je _____ (9. aller) au restaurant avec Angèle un soir, mais c'est tout.

LE PÈRE: Et Eyméric?

ÉTIENNE: Oh, ce soir-là *(that night)*, il a rencontré une fille et ils _____ (10. devenir) très copains. En fait, elle _____ (11. revenir) en train avec nous.

LA MÈRE: Eh bien, on dirait que *(it sounds like)* que vous avez passé un bon moment! C'est bien!

E. Le bon vieux temps. *(The good old days.)* Étienne et son copain Antoine parlent de Béatrice, une ancienne camarade de lycée qu'il vient de retrouver. Complétez la conversation au passé composé.

ÉTIENNE: Je _____ (1. revenir) de vacances hier soir en train, et devine *(guess)* qui j(e) _____ (2. voir) assise *(sitting)* devant moi!?

ANTOINE: Je ne sais pas… une copine du lycée?

ÉTIENNE: Oui! Béatrice. Elle _____ (3. ne pas changer), toujours aussi sympa et un peu folle *(crazy)*!

ANTOINE: C'est vrai… Je me souviens *(I remember)* qu'une fois, elle _____ (4. sortir) avec Julien, le serveur du bar des Carmes pour gagner un pari *(a bet)*, tu te souviens?

ÉTIENNE: Oui, eh bien, ils _____ (5. rester) ensemble! Et elle l'_____ (6. présenter) à ses parents il y a deux mois. Incroyable, non?

ANTOINE: Je me demande *(wonder)* comment ses parents _____ (7. réagir)… Ils sont un peu stricts, non?

ÉTIENNE: Oui, d'après Béatrice, ils _____ (8. être) un peu surpris d'abord, mais ils _____ (9. bien prendre) la nouvelle.

ANTOINE: Quelle chance!… De quoi d'autre *(What else)* est-ce que vous _____ (10. parler), toi et Béatrice?

ÉTIENNE: Eh bien, nous _____ (11. parler) du bon vieux temps. Je _____ (12. ne pas rester) longtemps parce que j'étais avec Angèle, Eyméric et sa copine, mais on _____ (13. décider) de se revoir samedi soir. Est-ce que tu voudrais venir avec moi?

ANTOINE: Oui, bonne idée!

F. Les retrouvailles. (The reunion.) C'est samedi soir. Étienne, Antoine et Béatrice sont au café. Complétez la conversation avec l'adverbe approprié: **bien, déjà, beaucoup, pas encore, peu, souvent.**

BÉATRICE: Ça me fait vraiment plaisir de vous revoir, tous les deux!

ANTOINE: Nous aussi! J'ai _____ (1) pensé à te téléphoner, mais tu sais comment c'est… avec le travail, les études, c'est pas facile.

BÉATRICE: Je sais… Moi, c'est pareil (likewise), je suis très, très occupée. L'anniversaire de Julien est demain, et je n'ai _____ (2) acheté de cadeau (gift)!

ANTOINE: Alors, toi et Julien, vous êtes toujours (still) ensemble!?

BÉATRICE: Eh oui!… 3 ans _____ (3)!… Et vous, vous sortez avec quelqu'un?

ANTOINE: Tu sais, moi, avec le travail et les études, je sors _____ (4) malheureusement, mais j'étudie _____ (5) et j'ai de bonnes notes.

ÉTIENNE: Moi, je sors avec quelqu'un… c'est le début, mais ça commence _____ (6).

BÉATRICE: C'est super! Eh bien, à nos retrouvailles (to us meeting again), et à ta nouvelle relation qui commence! Tchin-tchin!

G. À vous! Répondez aux questions avec des phrases complètes. Ajoutez des détails intéressants.

1. La dernière fois que vous étiez (were) en vacances, avec qui êtes-vous parti(e)? Où êtes-vous allé(e)s?

_____

_____

_____

2. Où est-ce que vous êtes allé(e) le week-end dernier? Qu'est-ce que vous avez fait?

_____

_____

_____

3. Quel est votre meilleur (best) souvenir de vacances? Où êtes-vous allé(e)? Avec qui? Comment avez-vous voyagé? Qu'est-ce que vous avez fait?

_____

_____

_____

Les informations

❊ **Voir Structure 6.4** Using verbs like *finir* *Les verbes comme* ***finir***

H. Étienne pense à son avenir. Étienne assiste à un forum sur les carrières organisé par le campus. Il pose des questions à un journaliste parce que c'est un métier qu'il voudrait pratiquer. Mettez les verbes entre parenthèses au présent.

ÉTIENNE: Depuis quand êtes-vous journaliste?

JOURNALISTE: Depuis neuf ans. C'est un métier très difficile mais c'est aussi un métier formidable.

ÉTIENNE: Comment est-ce que vous _____ (1. choisir) le sujet de vos reportages?

JOURNALISTE: Eh bien, d'abord, je _____ (2. réfléchir) longtemps avant de me

décider. En fait, c'est toute une équipe qui _____ (3. réfléchir)

avec moi pour analyser l'intérêt du sujet et sa difficulté. Heureusement, on

_____ (4. finir) toujours par trouver un sujet qui plaira à *(will please)*

nos lecteurs.

ÉTIENNE: Est-ce que l'opinion de vos lecteurs comptent pour vous?

JOURNALISTE: Oui, beaucoup. Les lecteurs _____ (5. réagir) souvent aux articles publiés

en envoyant des lettres directement à la rédaction *(editor)*. En fait, mes collègues de travail et

moi, nous _____ (6. finir) toujours par écouter la voix de nos lecteurs!

I. Les années 2000–2005. Regardez la page 170 de votre livre et choisissez les quatre événements qui vous paraissent *(seem)* les plus importants. Pour le numéro un, écrivez une phrase au passé sur l'événement que vous trouvez le plus important. Continuez avec les autres événements (du plus important au moins important).

1. _____

2. _____

3. _____

4. _____

Maintenant, écrivez une phrase sur un événement qui est arrivé récemment.

5. _____

Personnages historiques

❋ **Voir Structure 6.5** Using verbs like *venir* and telling what just happened *Les verbes comme **venir** et **venir de** + infinitif*

J. Les jeux Olympiques d'hiver. Étienne adore les sports d'hiver. Quand il rentre à la maison, il pose quelques questions à sa mère sur les vainqueurs *(winners)* des jeux Olympiques d'hiver qui passent à la télé. Indiquez ce qui vient de se passer en utilisant la structure **venir de** + infinitif

ÉTIENNE: Est-ce que tu sais qui a gagné le titre de champion olympique de descente en ski alpin?

SA MÈRE: Oui, c'est un Français, Antoine Dénériaz, il _____ (1. remporter) la médaille d'or!

ÉTIENNE: Génial! Grâce à lui, nous _____ (2. obtenir) notre première médaille d'or! Et qui a obtenu le meilleur score en surf des neiges?

SA MÈRE: Eh bien, ce sont deux Américains, Shaun White et Daniel Kass: ils _____ (3. avoir) la médaille d'or et d'argent.

ÉTIENNE: Super! Tu as d'autres résultats?

SA MÈRE: Oui, je _____ (4. entendre) que la Néerlandaise Ireen Wust _____ (5. gagner) la médaille d'or en patinage de vitesse *(speed skating)*.

ÉTIENNE: Très bien! Oh, le patinage artistique *(figure skating)* _____ (6. commencer). Allumons *(Let's switch on)* vite la télé!

K. Portrait de l'abbé Pierre

A. Étienne écrit un petit article sur l'abbé Pierre pour le journal du campus. Voici ses notes. Mettez les verbes au passé composé.

a. 2005: Il (devenir) _____ l'homme préféré des Français, devant le footballeur Zinédine Zidane.

b. 1981: Il (obtenir) _____ le titre d'Officier de la Légion d'Honneur.

c. 1949: Il (commencer) _____ le Mouvement Emmaüs.

d. 5 août 1912 à Lyon: Il (naître) _____. Son vrai nom: Henri Grouès.

e. pendant la Deuxième Guerre mondiale: Il (travailler) _____ dans la Résistance, contre les Allemands.

B. Maintenant, remettez les dates dans l'ordre et aidez Étienne à écrire son article en utilisant les expressions suivantes: **d'abord, ensuite, puis** et **enfin**. Écrivez au passé composé.

1. _____
2. _____
3. _____
4. _____
5. _____
6. _____

Synthèse: Un voyage avec les Simpson

Vous êtes allé(e) en vacances avec les Simpson. Racontez ce qui s'est passé. Utilisez les questions suivantes pour vous guider.

Questions: Où est-ce que vous êtes allés? Comment est-ce que vous avez voyagé? Où est-ce que vous avez logé? Vous avez visité quels sites touristiques? Quel temps a-t-il fait? Qu'est-ce que Bart, Lisa et Maggie ont fait pour s'amuser? Et les parents? Vous avez sans doute eu quelques complications. Expliquez ce qui s'est passé.

_____

_____

_____

_____

_____

_____

_____

_____

_____

_____

_____

_____

_____

_____

_____

_____

_____

_____

🌐 Perspectives culturelles

A. Relisez **Les infos et nous** à la page 166 de votre manuel et faites correspondre les éléments de gauche avec les éléments de droite.

1. _____ les deux journaux les plus lus par l'élite française
2. _____ le journal de tous les fanas de sport
3. _____ deux magazines d'information français
4. _____ le nombre de magazines spécialisés
5. _____ des magazines spécialisés
6. _____ le magazine qui a le plus grand nombre de lecteurs
7. _____ l'heure où passe le journal télévisé du soir

a. *Paris-Match*
b. *L'Équipe*
c. 20 heures
d. un quotidien
e. *L'Express* et *Le Point*
f. *Marie-Claire* et *Elle*
g. *Le Monde* et *Le Figaro*
h. *Time* et *Newsweek*
i. 3000
j. *France-Soir*

B. Voix en direct: Comment est-ce que vous vous informez? Relisez **Voix en direct** à la page 167 de votre manuel et répondez aux questions suivantes.

1. Que pensent Vanessa et Pierre-Louis des sources d'informations suivantes?

_____ la radio

_____ les journaux

_____ les informations à la télévision

_____ les magazines gratuits dans le métro

a. ils ont une orientation politique

b. il y a des images

c. l'information n'est pas très profonde

d. il y a un nouveau bulletin toutes les dix minutes

2. Écrivez une phrase prononcée par Vanessa ou Pierre-Louis et expliquez pourquoi vous êtes d'accord ou pas d'accord.

_____

_____

C. Relisez **Napoléon Bonaparte, empereur français** à la page 171 de votre manuel et dites si les phrases suivantes sont vraies ou fausses. Corrigez les phrases fausses.

1. Napoléon Bonaparte est d'origine alsacienne.   **vrai   faux**

_____

2. Napoléon devient premier consul de France parce que les Français
admirent son courage et ses campagnes militaires.   **vrai   faux**

_____

3. En 1804, les Français choisissent Napoléon comme empereur.   **vrai   faux**

_____

4. Après la fameuse défaite à Waterloo, Napoléon doit abdiquer.   **vrai   faux**

_____

5. Napoléon finit sa vie sur l'île d'Elbe.   **vrai   faux**

_____

On mange bien

✿ Module 7

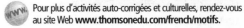
Pour plus d'activités auto-corrigées et culturelles, rendez-vous au site Web **www.thomsonedu.com/french/motifs.**

Manger pour vivre

✿ Voir Structure 7.1 **Writing verbs with minor spelling changes** *Les verbes avec changements orthographiques*

A. Le guide idéal. Dans trois jours, Antoine, un guide de tourisme, va accompagner un groupe de Français en Espagne. Avant de partir, il leur écrit un message de courrier électronique. Ajoutez les accents appropriés—aigus, graves, ou circonflexes—qui manquent aux lettres en caractères gras *(in bold)*.

> Bonjour **a** tous! J'esp**e**re que tout va bien chez vous et que vous serez bient**o**t pr**e**ts **a** partir
> **a** l'aventure! N'oubliez pas que le premier soir, nous d**i**nerons **a** l'int**e**rieur de l'Alhambra
> et qu'il faut une tenue *(dress)* habillée. Je dois aussi savoir ce que vous pr**e**ferez prendre au
> banquet. S'il vous pla**i**t, r**e**pondez **a** cet e-mail pour me dire ce que vous aimeriez manger:
> du poisson, du bœuf ou du poulet. Autrement, je crois que tout est pr**e**t! Ah oui! Un dernier
> conseil… Achetez vos pellicules et vos piles avant de partir. Elles sont plus ch**e**res l**a**-bas.
> **E**crivez-moi si vous avez d'autres questions. **A** bient**o**t!
>
> Antoine

B. Pas de chance! Juliette, la meilleure amie de Marie, ne peut pas voyager avec eux parce qu'elle est malade. Juliette écrit un petit mot à Marie avant son départ. Conjuguez les verbes entre parenthèses à la forme appropriée. Attention aux accents!

Chère Marie, cher Henri,

Vous avez de la chance *(You are lucky)* de partir en Espagne! Vous devez voyager pour moi! Prenez beaucoup

de photos et ne m'_____ (1. acheter) pas de cadeau! Je _____ (2. préférer) une carte postale

ou un coup de téléphone *(a phone call)*. Je joins une carte de téléphone internationale à cette lettre. Marie, s'il

te plaît, _____ (3. appeler)-moi demain soir si tu as le temps. Mais ne _____ (4. jeter) pas la

carte, tu sais bien que je les collectionne! Mon ami Paul est avec moi pour quelques jours, donc je ne suis pas

seule. Nous vous souhaitons un bon voyage et _____ (5. espérer) que vous passerez un bon moment

en Espagne.

À très bientôt!

Juliette

✿ Voir Structure 7.2 Talking about indefinite quantities *(some)* *Le partitif*

C. Quel dîner! Le groupe français vient de prendre un repas extraordinaire au palais. Marie est tellement impressionnée par le dîner qu'elle doit téléphoner à sa meilleure amie pour le lui décrire. Complétez sa description en utilisant l'article défini (**le, la, les**), partitif (**du, de l', de la** ou **de**) ou l'article indéfini (**un[e], des**) qui convient.

Ah, Juliette, tu ne peux pas imaginer le repas qu'on vient de prendre! J'adore _____ (1) cuisine de cette région! Ici, on a _____ (2) respect *(m)* pour les produits du terroir *(area)*. Il y avait _____ (3) poulet avec _____ (4) riz espagnol, _____ (5) poisson avec _____ (6) légumes de la région et _____ (7) soupe aux fruits de mer. C'était beau comme tout *(incredibly beautiful)*! Je n'ai pas tellement aimé _____ (8) sangria *(f)* car elle était très sucrée. Alors, j'ai pris _____ (9) eau avec mon repas. Mais après _____ (10) dessert, nous avons pris un bon digestif! _____ (11) bon cognac français!

D. L'avis d'un nutritioniste. Lisez les conseils d'un nutritioniste pour un bon petit déjeuner et utilisez l'article (**d', de, du,** ou **des**) qui convient.

Si vous avez une vie active, il vous faut un petit déjeuner vitaminé. Pour commencer, prenez un verre _____ (1) jus d'orange ou si vous préférez, consommez _____ (2) fruits frais. Ils ont beaucoup de vitamine C, important pour la bonne humeur et les muscles. Ajoutez un yaourt pour le calcium et deux tranches _____ (3) pain complet. Les fibres facilitent la digestion. N'utilisez pas _____ (4) beurre; prenez plutôt _____ (5) margarine. Comme boisson, _____ (6) café ou _____ (7) thé avec _____ (8) lait demi-écrémé. Vous avez encore faim? Prenez _____ (9) œufs—sauf si vous avez _____ (10) cholestérol—ou un petit morceau _____ (11) fromage. Comme ça, vous aurez assez _____ (12) énergie pour une matinée pleine d'activités.

E. À vous! Répondez aux questions suivantes avec des phrases complètes.

1. Qu'est-ce que vous mangez d'habitude au dîner?

_____

2. Qu'est-ce que vous aimez commander dans un restaurant français?

_____

3. Qu'est-ce que vos amis mangent quand ils sont au régime *(diet)*?

_____

Les courses: un éloge aux petits commerçants

❀ **Voir Structure 7.3** Talking about food measured in specific quantities and avoiding repetition
Les expressions de quantité et le pronom **en**

F. Faisons les courses! La famille de Marie et Henri Delavault prépare un repas pour fêter leur retour d'Espagne. Ils préfèrent acheter leurs provisions dans les petits commerces ou au marché en plein air. Indiquez où ils vont pour acheter les produits suivants et la quantité qu'ils en achètent.

Quantités: une douzaine, une bouteille, un pot, un litre, un kilo / demi-kilo, une boîte, un paquet, deux, une.

Commerces: la boulangerie-pâtisserie, le marché en plein air, l'épicerie, la boucherie

D'abord, ils vont _____ (1) pour acheter _____ (2) bœuf.

Ensuite, ils vont _____ (3) pour acheter _____ (4) sauce tomate,

_____ (5) eau minérale et une bonne _____ (6) vin. Oh, ils ont

presque oublié d'acheter _____ (7) beurre! Il fait beau aujourd'hui! Ils vont

_____ (8) acheter des fraises, des abricots et des asperges. Ils y achètent aussi

_____ (9) œufs. Finalement, ils vont _____ (10) où ils achètent

_____ (11) baguettes et _____ (12) tarte au citron. Ils espèrent

n'avoir rien oublié!

G. Comment faire une bonne ratatouille? Isabelle, la belle-fille de Marie, veut savoir comment faire une bonne ratatouille. Marie répond à ses questions en utilisant **en** pour éviter la répétition.

   Modèle: ISABELLE: Pour six personnes, combien de courgettes *(zucchini)* est-ce que j'achète?
   MARIE: (quatre) *Tu en achètes quatre.*

ISABELLE: Faut-il des tomates?

MARIE: (un demi-kilo) Oui, il _____ (1).

ISABELLE: Est-ce que je mets des aubergines *(eggplant)* dans la ratatouille?

MARIE: (une) Oui, tu _____ (2).

ISABELLE: On met aussi des carottes?

MARIE: Ah non! N'_____ (3) pas!

ISABELLE: Et avec cette recette, est-ce que j'ai assez de ratatouille pour six personnes?

MARIE: Normalement, oui, tu _____ (4), mais ça dépend de l'appétit de tes invi-

   tés. Moi, j'_____ (5) fais toujours un peu plus, parce que dans ma famille,

   la ratatouille, on adore ça!

L'art de la table

❋ **Voir Structure 7.4** Giving commands *L'impératif*

H. Un dîner élégant. Isabelle et son mari Jean-Claude doivent préparer un dîner formel à la fin du mois. Ils veulent tout faire correctement. Alors ils visitent un site sur Internet qui s'appelle «L'Art de la Table». Voici les conseils qu'ils y trouvent. Mettez les verbes entre parenthèses à l'impératif.

L'Art de la Table

Il est important de maîtriser l'art de la table pour montrer votre bon goût *(taste)* et pour faire plaisir à vos invités. Voici quelques conseils de base…

D'abord, il faut savoir qui va s'asseoir où. _____ (1. donner) la place d'honneur aux personnes que vous invitez pour la première fois ou qui ont une fonction importante.

_____ (2. faire) un plan de table à l'avance: _____ (3. réserver) la chaise à droite de l'hôtesse pour l'homme d'honneur et la chaise à gauche de l'hôte pour la femme d'honneur.

_____ (4. être) prêts lorsque vos invités arrivent. _____ (5. avoir) les bouteilles de vin ouvertes à l'avance.

Une fois à table, _____ (6. ne pas poser) les mains sur les genoux. (C'est la tradition en Angleterre et aux États-Unis, mais en France, _____ (7. mettre)-les plutôt sur la table).

_____ (8. tenir) toujours votre fourchette dans la main gauche et le couteau dans la main droite, c'est beaucoup plus raffiné.

Finalement, _____ (9. éviter) les sujets tabous: la politique, la religion et le sexe. _____ (10. choisir) plutôt des sujets neutres, comme les voyages, le cinéma ou les souvenirs d'enfance.

Les plats des pays francophones

❋ **Voir Structure 7.5** Referring to people and things that have been already mentioned *Les pronoms d'objets directs:* **me, te, le, la, nous, vous** *et* **les**

I. Parlons cuisine! Parmi les invités à la soirée d'Isabelle et de Jean-Claude, il y a des gens de plusieurs pays. La conversation tourne à ce qu'ils aiment manger. Complétez les phrases avec **en** ou un pronom d'objet direct (**me, te, nous, vous, le, la, les**).

ANTONIO: Isabelle, ce vin rouge est vraiment très bon!

ISABELLE: Merci! C'est un vin australien.

CARRIE: Aux États-Unis, nous importons beaucoup de vins d'Australie. Mais nous _____ (1) importons d'autres pays aussi, comme le Chili ou la Nouvelle-Zélande. Et en Italie?

ANTONIO: Oui, en Italie aussi, mais je préfère un bon chianti avec une bonne pizza faite maison!

CARRIE: En général, est-ce que les Italiens achètent leurs pizzas dans un magasin ou un restaurant, ou est-ce qu'ils _____ (2) préparent eux-mêmes (themselves)?

ANTONIO: Ça dépend des gens, c'est comme aux États-Unis: les hamburgers, vous _____ (3) achetez déjà préparés ou non?

CARRIE: Moi, je suis végétarienne, alors je ne sais pas...

HAMED: Moi, je pense que la nourriture est meilleure (better) quand on _____ (4) prépare soi-même (oneself). D'ailleurs (Besides) Jean-Claude, je _____ (5) félicite: ta ratatouille est excellente! Est-ce que je peux me resservir? (Can I have a second helping?)

JEAN-CLAUDE: Ah, je suis désolé, il n'y _____ (6) a plus (no more). Nous avons tout mangé!

CARRIE: Ça ne m'étonne pas! (It doesn't surprise me!) Tout est excellent chez vous, vous _____ (7) traitez comme des rois!

ISABELLE: Merci, Carrie. Hamed, est-ce que tu sais faire le couscous?

HAMED: Oui, je sais très bien _____ (8) faire, c'est ma spécialité! En fait, je voudrais _____ (9) inviter à dîner la semaine prochaine. Est-ce que vous êtes libres samedi soir?

TOUS: Oui!

HAMED: Et comme boisson, je vais faire du thé à la menthe.

ISABELLE: Oh, j'adore ça! Je pourrais (could) _____ (10) boire des litres!

Comment se débrouiller au restaurant

J. Kevin passe un test culinaire. Kevin, un ami américain d'Isabelle et de Jean-Claude, va bientôt partir en vacances à Lyon, ville réputée pour sa gastronomie. Il a acheté un petit livre pour tester ses connaissances culinaires. Faites ce test avec lui en faisant correspondre les termes à gauche avec les explications à droite. **Attention,** il y a deux explications qui **n'ont pas** de terme correspondant.

_____ 1. le foie gras

_____ 2. les escargots

_____ 3. la jardinière de légumes

_____ 4. le plateau de fruits

_____ 5. les profiteroles

a. une sélection de fruits

b. une sorte de pâté, mais plus raffiné

c. des petits mollusques qu'on mange avec du beurre, de l'ail et du persil

d. une sorte de pâtisseries en forme de boules avec de la crème ou de la glace à la vanille à l'intérieur couvertes d'une sauce au chocolat

e. un poisson très riche servi avec des légumes

f. un gâteau très haut et plat (flat) avec un assortiment de fruits

g. une sélection de légumes chauds, comme des carottes, des petits pois, des pommes de terre, etc., coupés en petits morceaux

K. Kevin veut montrer son «savoir-vivre». Kevin veut faire bonne impression à Lyon; il a l'intention d'inviter une amie française au restaurant, mais il n'est pas sûr de son français. Il a écrit des phrases sur une feuille de papier et demande la traduction à Jean-Claude. Écrivez les phrases de Jean-Claude.

1. Ask for a table for two people.

_____

2. Call the waiter and ask for the menu.

_____

3. Ask the waiter for a recommendation.

_____

4. Place an order, for example **des escargots** for an hors-d'œuvre and **une entrecôte grillée** as a main course.

_____

5. Ask for the check and find out if the tip is included.

_____

Synthèse: Un dîner en compagnie de votre idole

Imaginez que vous pouvez dîner en compagnie de la personne que vous admirez et/ou respectez le plus au monde, vivant ou mort *(alive or dead)*. En suivant le modèle, dites qui est cette personne, où vous allez faire les courses pour le repas, ce que vous allez préparer et de quoi vous parlez pendant le dîner.

Modèle: *La personne que j'admire le plus est le commandant Jacques-Yves Cousteau. Parce que Cousteau aime la mer et les océans, je ne vais pas manger de poisson ou de fruits de mer: ça ne serait pas (it wouldn't be) gentil! Alors, je vais préparer des plats végétariens. D'abord, je vais aller au marché en plein air pour acheter beaucoup de légumes: des tomates, des asperges, des champignons, un oignon et un demi-kilo de pommes de terre. Ensuite, je vais aller à la boulangerie pour acheter du pain. Enfin, je vais aller au supermarché pour acheter du tofu, du fromage, de la glace à la vanille, des fraises et une bouteille de vin. À la maison, je vais préparer le repas. Comme entrée, je vais faire une bonne salade de tomates et de pommes de terre. Comme plat principal, nous allons manger du tofu avec des pâtes et des champignons. J'espère que Cousteau aime aussi les asperges! Ensuite, nous allons manger du fromage avec du pain et boire un verre de vin rouge italien. Enfin, pour le dessert, je vais préparer des fraises avec de la glace à la vanille. Pendant le repas, je vais demander à Cousteau comment il est devenu commandant. J'ai aussi beaucoup de questions sur son bateau, la Calypso. Nous allons parler de ses découvertes océanographiques et de la vie en général. Ça va être un dîner mémorable!*

_____

_____

_____

_____

_____

_____

_____

_____

🌐 Perspectives culturelles

A. La table. Lisez le texte **Les Français à table** à la page 191. Puis, répondez aux questions suivantes.

1. Selon le texte, les Français boivent du café seulement *(only)* au petit déjeuner.

   a. vrai

   b. faux

   Justifiez votre réponse: _____

2. Qu'est-ce que les Français mangent au petit déjeuner?

   _____

3. Indiquez si les mots dans la liste sont des mots apparentés *(cognates)*. Pour les faux amis, donnez la traduction en anglais.

Modèle:	**français**	**anglais**	**oui**	**non**	**traduction**
	un dessert	a dessert	☑	☐	
	rester	to rest	☐	☑	*to stay*

	français	**anglais**	**oui**	**non**	**traduction**
a.	le rythme	the rhythm	☐	☐	_____
b.	une entrée	an entrée	☐	☐	_____
c.	un plateau	a plateau	☐	☐	_____
d.	la journée	the journey	☐	☐	_____
e.	copieux	copious	☐	☐	_____

B. Les courses. Lisez le texte **Où faire les courses?** à la page 194. Puis, répondez aux questions suivantes en français.

1. Selon le texte, quels sont les avantages des supermarchés sur les petits commerces?

   _____

2. Dans les petits commerces, où est-ce qu'on achète les produits suivants?

   a. du pain _____

   b. du bœuf _____

   c. des carottes et de la sauce tomate _____

   Quel est le genre de tous ces petits magasins: masculin ou féminin?

   _____

3. Et vous? Est-ce que la qualité des produits que vous consommez est essentielle? Est-ce que vous achetez des produits biologiques *(organic)*? Pourquoi (pas)?

   _____

C. Voix en direct: Est-ce que vous mangez avec votre famille? Relisez la section **Voix en direct** pages 192–193 et répondez aux questions suivantes.

1. Faites correspondre les personnes avec le moment de la journée où elles mangent avec leur famille.

_____ **1.** Pierre   **a.** le petit déjeuner

_____ **2.** Julien   **b.** presque jamais *(almost never)*

_____ **3.** Nicolas   **c.** le dîner

_____ **4.** Vanessa   **d.** le déjeuner

2. Quels sont les avantages expliqués par Pierre et Julien de manger en famille?

    a. On peut discuter ensemble.

    b. Ce n'est pas nécessaire pour tout le monde de préparer le repas.

    c. C'est bon pour la cohésion familiale.

    d. On peut regarder la télévision ensemble.

3. Vanessa explique pourquoi sa famille ne prend pas typiquement les repas ensemble. Qu'est-ce qu'elle dit?

_____

Souvenirs

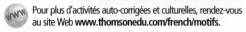
Pour plus d'activités auto-corrigées et culturelles, rendez-vous au site Web **www.thomsonedu.com/french/motifs.**

Souvenirs d'enfance

❋ **Voir Structure 8.1** Talking about how things used to be *L'imparfait*

A. On se découvre... Antoine et Valérie sortent ensemble depuis peu de temps. Ils ne se connaissent pas encore très bien. Dans le passage suivant, Antoine raconte à Valérie des souvenirs de son enfance. Complétez ce qu'il lui dit en conjuguant les verbes entre parenthèses à l'imparfait.

Quand j(e) _____ (1. être) petit, j(e) _____ (2. habiter) dans une

grande maison à la campagne avec mes parents et mes deux sœurs, Juliette et Claire.

Mon père _____ (3. travailler) comme vétérinaire et ma mère

_____ (4. rester) avec nous à la maison.

Je me souviens que parfois, au printemps, mes sœurs et moi, nous _____ (5. aller)

chasser les papillons. Après l'école, mes sœurs _____ (6. jouer) beaucoup à la

poupée mais moi, je _____ (7. lire) des tonnes de livres. Ma mère

_____ (8. dire) toujours que je _____ (9. devoir) moins étudier

et plus jouer!

B. Questions personnelles. Répondez aux questions suivantes avec des phrases complètes.

1. Que faisiez-vous après l'école quand vous étiez petit(e)?

_____

2. Est-ce que vous aimiez regarder la télévision? Quoi en particulier?

_____

3. Où préfériez-vous aller pendant les vacances?

_____

L'album de photos

✿ **Voir Structure 8.2** Linking ideas *Les pronoms relatifs* **qui, que** *et* **où**

C. Une photo d'enfance d'Antoine. Après un dîner préparé à la maison, Antoine montre un album photo de son enfance à Valérie. Il lui décrit une photo de lui avec son père. Complétez son commentaire en utilisant les pronoms relatifs **qui, que** ou **où**.

Regarde! C'est moi quand j'avais huit ou neuf ans. Et là, c'est

mon père _____ (1) n'est pas content!

Je me souviens que j'avais cassé *(I had broken)* une vitre

(window) de la voiture en jouant au ballon... Et c'est la

voiture _____ (2) il venait juste

d'acheter. C'est aussi l'année _____ (3)

ma petite sœur Juliette est née. Tu sais, c'est ma sœur

_____ (4) est prof de français à Londres,

celle *(the one)* _____ (5) tu as rencontrée

au café. Ah, nous avons tous drôlement grandi *(grown up)*!

D. L'album de photos. Maintenant, Antoine et Valérie regardent les photos du voyage que sa famille a fait en Italie quand Antoine avait dix ans. Jouez le rôle d'Antoine en décrivant les photos. Complétez chaque phrase avec **qui, que** ou **où**.

Modèle: C'est le restaurant _*où*_ nous avons mangé de la pizza napolitaine.

1. Ce sont les amis _____ ont voyagé avec nous.

2. C'est le chef de cuisine _____ nous avons connu à l'hôtel.

3. C'est la gondole _____ nous avons prise pour visiter les canaux de Venise.

4. C'est la cathédrale _____ nous avons admiré des fresques italiennes de la Renaissance.

5. C'est la célèbre fontaine _____ les touristes se rencontrent pour faire une visite guidée de Rome.

Communiquer en famille

✿ **Voir Structure 8.3** Reading, speaking and writing to others *Les verbes* **lire, dire** *et* **écrire** *avec les pronoms d'objet indirect*

E. Autour d'une BD

1. Antoine continue à parler de ses souvenirs d'enfance. Complétez le dialogue en conjuguant les verbes à l'imparfait.

VALÉRIE: Tu _____ (1. dire) tout à l'heure *(earlier)* que tu adorais lire. Qu'est-ce que tu

_____ (2. lire) exactement?

ANTOINE: Eh bien, j'adorais les BD comme *Astérix* ou *Tintin*. Je les _____ (3. lire)

partout *(everywhere)*: dans mon lit, dans le bus, pendant la récréation. Mes parents me

_____ (4. dire) toujours: «Mais va jouer avec tes copains!» Moi, je préférais

lire mes BD. Le soir, dans mon cahier, je dessinais *(drew)* des petits personnages *(characters)* et

j'_____ (5. écrire) des dialogues. Plus tard, j'ai rencontré mon meilleur ami,

Pascal; lui aussi, il inventait des BD mais il dessinait mieux que moi.

VALÉRIE: Est-ce que vous avez essayé de créer une BD ensemble?

ANTOINE: Oui, c'est exactement ce que nous avons fait. Tous les mois, notre BD paraissait dans le journal de

l'école. Nos copains la _____ (6. lire) religieusement, et ils nous complimen-

taient toujours après.

2. La conversation continue sur des choses d'aujourd'hui. Complétez le dialogue en conjuguant les verbes au présent.

VALÉRIE: Et maintenant, est-ce que tu _____ (1. écrire) toujours des dialogues?

ANTOINE: Non, j'ai arrêté. Je _____ (2. lire) encore beaucoup, des BD, des livres,

mais je _____ (3. ne pas écrire). Pascal, lui, il a continué. Il

_____ (4. écrire) mieux qu'avant, et il dessine toujours très bien. Il est dessi-

nateur professionnel maintenant.

VALÉRIE: Ah bon, c'est super!

ANTOINE: Tiens, si ça t'intéresse, il présente son nouvel album de BD samedi à la Librairie Centrale. Les cri-

tiques _____ (5. dire) que c'est son meilleur album. Est-ce que tu voudrais y

aller avec moi?

VALÉRIE: Oui, bonne idée, j'adore les BD!

F. Une grande famille. Valérie n'a qu'une photo dans son sac à montrer à Antoine. Complétez leur dialogue en choisissant le pronom d'objet direct ou indirect qui correspond à l'antécédent souligné.

1. VALÉRIE: Voici mes parents, mes frères Matthieu et Patrick, ma sœur Nora et notre chien Milou.

  ANTOINE: C'est une belle photo. Quand est-ce que tu (**le, la, l', lui**) as prise?

2. VALÉRIE: Il y a 7 ans, en vacances à Carcassonne. Chaque été, nous y allons: mes grands-parents ont une maison là-bas.

  ANTOINE: Tu (**leur, les, nous, la**) vois tous les ans, alors?

3. VALÉRIE: Oui, parfois plus. Et je (**lui, leur, les, vous**) écris régulièrement aussi. Je (**lui, leur, les, l'**) aime beaucoup, et je sais que c'est réciproque et qu'ils (**m', nous, vous, les**) aiment beaucoup aussi, mes frères, ma sœur et moi.

4. ANTOINE: Tu as de la chance! Mes grands-parents sont morts quand j'avais 6 ans. En fait, ma famille est assez petite: il n'y a que *(only)* mes parents, mes deux sœurs et moi. J'ai une tante aussi, mais je (**le, la, l', lui**) vois très rarement. Je (**le, la, l', lui**) écris à Noël et pour son anniversaire, c'est tout. Je n'ai pas d'oncles, pas de cousins. J'aurais aimé *(would have liked)* avoir une plus grande famille…

5. VALÉRIE: Si tu veux, Antoine, je (**me, te, le, nous**) présenterai à *(will introduce to)* mes grands-parents la semaine prochaine, ils viennent passer quelques jours ici.

  ANTOINE: Avec plaisir!

Comment comparer (introduction)

❋ **Voir Structure 8.4** **Making comparisons** *Le comparatif (introduction)*

G. Les goûts de Valérie. Valérie explique ses goûts musicaux et cinématographiques à Antoine. Écrivez l'opinion de Valérie en utilisant une comparaison avec **plus, moins** ou **aussi** et l'adjectif entre parenthèses.

> **Modèle:** Johnny Depp / Keanu Reeves (+, beau)
> *Johnny Depp est plus beau que Keanu Reeves.*

1. Robert de Niro / Dustin Hoffman (+, professionnel)

_____

2. U2 / Coldplay (–, énergique)

_____

3. Hilary Duff / Sarah Michelle Gellar (=, mauvais)

_____

4. la musique techno / la musique classique (=, ennuyeux)

_____

5. les effets spéciaux de *X-men* / les effets spéciaux de *Superman* (+, bon)

_____

H. Et vous? Faites quatre comparaisons (**plus, moins, aussi … que**) pour exprimer votre opinion. Utilisez les mots de la liste suivante ou d'autres adjectifs que vous connaissez.

Le Juste Prix (The Price is Right) / La Roue de la fortune (The Wheel of Fortune)
les biscuits Oreo / les chocolats Reese
American Idol / The Apprentice
Samuel L. Jackson / Morgan Freeman
Angelina Jolie / Britney Spears

| amusant | beau | bon | drôle | élégant | intéressant | intelligent | original |

1. _____

2. _____

3. _____

4. _____

Souvenirs d'une époque

❋ **Voir Structure 8.5** **Narrating in the past** *Le passé composé et l'imparfait (introduction)*

I. Les années 90 en France. Pendant la soirée, Tom, un ami américain d'Antoine, lui téléphone pour lui demander de l'aide pour son cours d'histoire. Il pose des questions à Antoine sur les années 90. Complétez leur dialogue en mettant les verbes au passé composé ou à l'imparfait.

Tom: Dis-moi, Antoine, qu'est-ce qui se passait en France dans les années 90?

Antoine: Eh bien, c(e) _____ (1. être) des années assez difficiles sur le plan

économique et social. Je me souviens qu'il y _____ (2. avoir) des grèves (strikes) fréquentes et des problèmes de violence liés au racisme. Par exemple, en 1994, les étudiants et les lycéens _____ (3. organiser) une grève nationale pour protester contre la détérioration du système de l'enseignement public.

TOM: Est-ce que c'est pendant ces années-là que vous _____ (4. changer) de président?

ANTOINE: Oui, c'est ça. Le socialiste François Mitterrand _____ (5. terminer) son mandat présidentiel en 1995 et les Français _____ (6. choisir) Jacques Chirac, qui est de droite, comme nouveau président.

TOM: Et sur le plan culturel?

ANTOINE: Ah! Au début des années 90, beaucoup de gens _____ (7. critiquer) la construction d'Euro-Disney qui, finalement, _____ (8. changer) de nom en 1995 pour s'appeler Disneyland-Paris. Et à propos des États-Unis, une de nos stars _____ (9. devenir) célèbre chez vous avec le film *Mon père ce héros*.

TOM: Je le connais! C'est Gérard Depardieu! Et en musique, des nouveautés?

ANTOINE: Oui. Je me rappelle que le rap _____ (10. prendre) beaucoup d'importance, principalement avec un chanteur, MC Solaar. Tu aimes le rap?

TOM: J'adore ça! Il faudra que tu me prêtes un CD de ce MC Solaar. Voilà, je n'ai plus de questions. Merci de ton aide, Antoine, et bonne fin de soirée!

J. Souvenirs d'un beau voyage. Valérie parle à Antoine du voyage que sa famille a fait en Égypte quand elle était petite. Complétez sa description en utilisant des mots de la liste suivante.

était	**m(e)**	**qui**
avons visité	**sommes montés**	**moins**
que	**où**	
plus	**qu'**	

Quand j'avais dix ans, nous avons fait un beau voyage en Égypte. Bien sûr, nous _____ (1) des pyramides. C'_____ (2) vraiment impressionnant! Pour y aller, nous _____ (3) sur des chameaux (camels) _____ (4) nous ont amenés du Nil jusqu'au pied (to the bottom) des pyramides. Le chameau _____ (5) mon frère avait était très caractériel: il crachait (spat) beaucoup et semblait très mécontent (unhappy) d'avoir mon frère sur son dos (back)! J'ai eu de la chance, mon chameau était un peu _____ (6) difficile que le sien (his), mais c'est vrai que ce n'était pas très confortable! Mais bon, c'était pittoresque! La première pyramide _____ (7) on a visitée était celle de (that of) Chéops, la première merveille du monde! Ensuite, on a visité le Sphinx: tous ces monuments égyptiens sont beaucoup _____ (8) impressionnants que les monuments parisiens! Je ne me souviens pas de tous les endroits _____ (9) nous sommes allés, j'étais trop petite, alors je voudrais beaucoup y retourner. Ma sœur _____ (10) a dit qu'elle pensait y aller l'année prochaine, peut-être que j'irai avec elle...

Synthèse: Mes souvenirs d'enfance

Qu'est-ce que vous aimiez faire à l'âge de sept ou huit ans? Faites quelques comparaisons entre vous et vos frères / sœurs / amis de l'époque. Quels bons souvenirs gardez-vous de cette époque? Écrivez un paragraphe à l'imparfait qui décrit les activités et les amis les plus mémorables de votre septième ou huitième année.

Modèle: *Quand j'avais 7 ans, j'adorais rester à la maison avec ma petite sœur. Marie et moi, nous aimions danser, nager dans la piscine et préparer des petits gâteaux. Marie était plus sportive que moi. Surtout, nous aimions jouer avec nos poupées, et souvent l'après-midi, nous prenions le thé avec elles! Ma poupée préférée s'appelait Madeleine. Elle était blonde avec les yeux bleus. Je l'ai appelée Madeleine parce qu'à l'époque, il y avait une BD du même nom que je lisais tout le temps. On avait aussi des lapins (rabbits) qui vivaient dans des cages dans la maison. J'adorais les caresser (to pet), ils étaient très doux (soft) et mignons! C'était très sympa parce que ma mère ne travaillait pas. Elle restait à la maison avec nous et souvent, elle jouait aussi avec nos poupées et nos lapins. Mon enfance était vraiment idéale.*

_____

_____

_____

_____

_____

_____

_____

_____

_____

_____

_____

_____

_____

_____

_____

🌐 Perspectives culturelles

A. Relisez le texte **Les enfants et l'école** à la page 225 de votre manuel et complétez les phrases suivantes.

1. En France, l'école a pour responsabilité d(e)...
   a. prendre l'argent des citoyens plus privilégiés
   b. enseigner les valeurs républicaines françaises aux élèves
   c. donner la priorité aux élèves pauvres

2. À l'école primaire, les enfants ont...
   a. de 3 à 6 ans
   b. des cours de vie en communauté
   c. de 6 à 10 ans

3. *Au Revoir les enfants* et *Être et avoir* sont...
   a. des livres de langue française
   b. des films
   c. des zones d'éducation prioritaire (ZEP)

4. Les inégalités qu'on trouve dans les milieux défavorisés sont dues en partie à...
   a. l'intelligence inégale des élèves
   b. l'enseignement centralisé de l'Éducation Nationale
   c. leur environnement social et économique

5. On a établi les ZEP pour...
   a. aider les élèves handicapés physiques
   b. aider les élèves en difficulté dans les milieux défavorisés
   c. augmenter la création de films dans certains quartiers

B. Voix en direct: Vous vous souvenez de votre école primaire? Relisez les témoignages de **Régine et Gwenaëlle** à la page 226 de votre manuel et répondez aux questions suivantes.

1. Pensez aux récits *(stories)* de vos parents ou d'autres personnes plus âgées sur leur enfance. Est-ce que leur école était comme celle de *(that of)* Régine? Donnez une différence et une similarité.

   _____

   _____

   _____

   _____

2. Donnez deux exemples de la discipline dans l'école de Régine. Et dans votre école primaire?

   _____

   _____

   _____

3. Est-ce que les expériences de Gwenaëlle à l'école primaire étaient plutôt positives ou négatives? Pourquoi?

   _____

   _____

   _____

4. Quelle comparaison est-ce que Gwenaëlle fait entre les élèves de son époque et les élèves d'aujourd'hui?

_____

_____

_____

_____

C. Les BD. Relisez **Les BD** à la page 234 de votre manuel. Indiquez si les affirmations suivantes sont vraies ou fausses.

	vrai	faux
1. *Tintin* est l'œuvre de Hergé.	❑	❑
2. *Les aventures de Tintin* sont les histoires d'un petit Gaulois et de ses amis qui triomphent de leurs adversaires.	❑	❑
3. *Astérix* est populaire seulement en France.	❑	❑
4. Avec Titeuf et sa bande d'amis, Zep communique les préoccupations *(worries)* des jeunes d'aujourd'hui.	❑	❑
5. À l'école, Titeuf est très fort en maths.	❑	❑
6. Les Français pensent que les BD sont uniquement pour les jeunes.	❑	❑

À la découverte du monde francophone ❋ Module 9

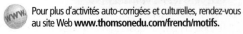
Pour plus d'activités auto-corrigées et culturelles, rendez-vous au site Web **www.thomsonedu.com/french/motifs**.

Les pays francophones

❋ **Voir Structure 9.1** **Using prepositions with geographical names** *Les prépositions et la géographie*

A. L'examen d'embauche *(Hiring test).* Christophe passe un examen pour travailler dans une agence de voyages. Choisissez la réponse appropriée et complétez la phrase avec le pays et les prépositions correctes. Consultez les cartes au début de votre manuel.

> **Modèle:** Un client veut partir *de* Bruxelles *en Belgique* (pays) pour une semaine de vacances en Afrique. Il peut aller:
>
> ☑ *à* Casablanca *au Maroc* .
>
> ❏ ____ Genève _____.

1. Une cliente veut partir _____ Berlin _____ (pays) pour faire du surf dans l'océan atlantique; elle peut aller:

   ❏ _____ Grenoble _____ (pays).

   ❏ _____ Biarritz _____ (pays).

2. Deux clients veulent partir _____ Montréal _____ (pays) pour explorer un pays du continent sud-américain; ils peuvent aller:

   ❏ _____ Mexico _____ (pays).

   ❏ _____ Rio de Janeiro _____ (pays).

3. Un client veut partir _____ Londres _____ (pays) pour visiter le Vatican. Il peut aller:

   ❏ _____ Rome _____ (pays).

   ❏ _____ Stockholm _____ (pays).

4. Des danseurs professionels veulent partir ____ Tokyo _____ (pays) pour étudier le tango. Ils peuvent aller:

   ❏ _____ Buenos Aires _____ (pays).

   ❏ _____ Vienne _____ (pays).

5. Vous voulez partir ____ Chicago _____ (pays) pour manger le meilleur curry. Vous pouvez aller:

   ❏ _____ Bombay _____ (pays).

   ❏ _____ Moscou _____ (pays).

B. Le test continue. Maintenant, Christophe doit analyser la liste suivante. Aidez-le à identifier la catégorie et à barrer *(cross out)* l'intrus.

> **Modèle:** l'Europe, l'Amérique du Nord, l'Afrique, l'Asie, l'Australie, ~~la France~~
> **Catégorie:** *les continents*

1. le Niger, Madagascar, La Réunion, la Martinique, la Nouvelle-Calédonie, Saint-Pierre-et-Miquelon

   Catégorie: _____

2. le Mississippi, l'Amazone, les Antilles, le Nil, le Danube, le Saint-Laurent

   Catégorie: _____

3. le Mont Blanc, l'Himalaya, les Andes, les Pyrénées, les Rocheuses, la Tunisie

   Catégorie: _____

4. le Kalahari, le Sahara, la Méditerranée, le Mojave, la vallée de la Mort

   Catégorie: _____

❈ **Voir Structure 9.2** Avoiding the repetition of place names *Le pronom y*

C. Le dernier test. Pour son dernier test, Christophe doit deviner *(guess)* où vont ses clients. Devinez avec lui et répondez aux questions de manière logique et en utilisant le pronom **y**.

> **Modèle:** Dans la valise de Jean, il y a des chaussures de ski et plusieurs pull-overs. Est-ce qu'il va à Haïti?
> *Non, il n'y va pas. Il va en Suisse.*

1. Dans la valise de Lucille, il y a un maillot de bain, un masque de plongée et des lunettes de soleil. Elle va à Québec?

   _____

2. Dans la valise de François, il y a un appareil photo numérique, un chapeau et un guide sur les animaux de la savane. Va-t-il au Kenya?

   _____

3. Dans la valise de Fabrice, il y a un livre sur le bouddhisme et des chaussures de randonnée. Est-ce qu'il va au Népal?

   _____

4. Dans la valise de Pierre et de Jacques, il y a un guide sur les pays du Maghreb et des lunettes de soleil. Vont-ils au Sénégal?

   _____

5. Dans la valise de Michèle et de Laurence, il y a des billets pour un match de hockey et un horaire des bateaux qui naviguent sur le fleuve Saint-Laurent. Elles vont en Belgique, non?

   _____

Comment comparer (suite)

❉ **Voir Structure 9. 3** Comparing quantities and performance and singling out exceptional features
Le comparatif (suite) et le superlatif

D. Christophe a réussi! Christophe prépare son premier projet en tant qu'agent de voyages. Plusieurs de ses clients qui sont fanas des musiques du monde lui demandent des informations sur les pays d'où viennent leurs artistes préférés. Voici les informations que Christophe trouve. Faites les comparaisons selon les indications de chaque section.

ARTISTE	PAYS
MC Solaar (Claude M'Barali) Né le 5 mars 1969 Genre: Rap Début de sa carrière: 1990	**Le Sénégal** 9 987 494 habitants Superficie: 196 192 km² Langue officielle: le français Sommet: Futa Jaldon Foothills 581 m. Frontières avec: la Mauritanie, le Mali, la Guinée Bissau, la Guinée et la Gambie.
Tiken Jah (Doumbia Moussa Fakoly) Né le 23 juin 1968 Genre: Reggae Début de sa carrière: 1992	**La Côte d'Ivoire** 15 980 950 habitants Superficie: 322 462 km² Langue officielle: le français Sommet: Mont Nimba 1 752 m Frontières avec: le Burkina Faso, le Liberia, la Guinée, le Mali et le Ghana.
Céline Dion Née le: 30 mars 1968 Genre: Pop Début de sa carrière: 1983	**Le Canada** 31 281 092 habitants Superficie: 9 976 139 km² Langues officielles: l'anglais et le français Sommet: Mount Logan (6 050 m) Frontières avec: les États-Unis
Stephan Eicher Né le: 17 août 1960 Genre: Pop, variété française Début de sa carrière: 1986	**La Suisse** 7 260 360 habitants Superficie: 41 290 km² Langues officielles: allemand, français, italien, romanche Sommet: Pointe Dufour (4 634 m) Frontières avec: la France, l'Allemagne, l'Autriche, le Liechtenstein et l'Italie.
Faudel (Faudel Bellula) Né le: 6 juin 1978 Genre: Raï Début de sa carrière: 1997	**La France** 60 000 000 habitants Superficie: 551 500 km² Langue officielle: français Sommet: Mont Blanc (4 808 m) Frontières avec: la Belgique, le Luxembourg, l'Allemagne, la Suisse, l'Italie, Monaco, l'Espagne et Andorre.

Source: http://www.1clic1planet.com

1. Écrivez des phrases en utilisant le superlatif.

Modèle: le pays / + peuplé
La France est le pays le plus peuplé (de ces cinq pays).

a. le pays / – peuplé _____

b. le pays / + grand _____

c. le pays / – grand _____

d. le + / langue officielle _____

e. le – / langue officielle _____

f. le chanteur / + jeune _____

g. l'artiste / + longue carrière _____

2. Trouvez des similarités et des différences parmi ces pays. Écrivez des phrases avec **moins de, plus de** et **autant de** *(feel free to include comparisons based on your background knowledge, too).*

Modèle: la Suisse et la Côte d'Ivoire
Il y a plus de soleil en Côte d'Ivoire qu'en Suisse. La Suisse a autant de frontières que la Côte d'Ivoire.

a. le Sénégal et le Canada

_____

_____

b. la France et la Suisse

_____

_____

c. la Côte d'Ivoire et le Sénégal

_____

_____

Les moyens de transport

❋ **Voir Structure 9.4 Making recommendations** *Il faut, il vaut mieux + infinitif*

E. Qu'est-ce qu'il faut amener? Christophe a organisé un voyage en Afrique pour un groupe d'étudiants de l'université. Ils lui demandent s'ils peuvent amener certaines choses, et il leur répond. Imaginez ce qu'il dit en écrivant une réponse logique avec **il faut, il ne faut pas** ou **il vaut mieux.** S'il y a un objet direct, remplacez-le par le pronom approprié (**le, la, les, y, en**).

Modèle: CÉLINE: Il est préférable d'apporter <u>des sandales</u>, non?
CHRISTOPHE: *Oui, il faut en apporter.*

1. CATHERINE: Pour y arriver, est-ce qu'on va voyager en avion ou en bateau?

CHRISTOPHE: Pour y arriver le plus vite possible, _____ (1).

2. JEAN et MARIE: Nous devons apporter <u>nos passeports</u>, non?

CHRISTOPHE: Oui, _____ (2).

3. LUDOVIC: On peut fumer <u>dans l'avion</u>?

    CHRISTOPHE: Non, _____ (3).

4. ANNE: Est-ce qu'il faut amener <u>l'itinéraire</u> avec l'adresse de l'hôtel?

    CHRISTOPHE: Oui, _____ (4).

5. CORINNE: Est-ce que je devrais prendre <u>mes trois grandes valises ou une seule</u>?

    CHRISTOPHE: Pour te déplacer plus facilement, _____ (5).

6. MANU: J'aimerais louer une voiture en Afrique. Est-ce que je dois apporter <u>mon permis de con-
duire</u> et <u>ma carte de crédit</u> dans ce cas-là?

    CHRISTOPHE: Oui, _____ (6).

Les vacances de vos rêves

❊ **Voir Structure 9.5** Talking about what you know or what you know how to do as opposed to your familiarity with places and people *Savoir et connaître*

F. Un week-end à Bruxelles. Après le travail, Christophe va boire un verre avec ses nouveaux collègues, Isabelle et Jérôme. Complétez leur conversation avec la forme correcte de **savoir** ou **connaître.**

JÉRÔME: Isabelle et moi, nous allons aller à Bruxelles le week-end prochain. Est-ce que tu voudrais venir avec nous?

CHRISTOPHE: Ah oui, avec plaisir! Je _____ (1) très bien la Belgique, si vous voulez, je peux être votre guide.

ISABELLE: Bonne idée! Est-ce que tu _____ (2) où on peut manger les meilleures moules-frites?

CHRISTOPHE: Oui, dans un petit resto pas loin de la Grand' Place. Est-ce que vous _____ (3) le Manneken-Pis?

JÉRÔME: Nous _____ (4) que c'est un des emblèmes de Bruxelles, mais nous ne l'avons jamais vu.

CHRISTOPHE: Eh bien, le week-end prochain, vous le verrez!

JÉRÔME: Est-ce que tu _____ (5) un endroit sympa pour boire une bonne bière? Les Belges _____ (6) vraiment bien les faire.

CHRISTOPHE: Bien sûr! Je vous y emmènerai *(I will bring you there)*.

ISABELLE: Moi, je voudrais _____ (7) où on peut acheter des Speculos, des biscuits au gingembre absolument délicieux!

CHRISTOPHE: Ah ça, je ne _____ (8) pas, mais je peux demander à ma cousine, elle _____ (9) toutes les boulangeries et les pâtisseries de Bruxelles.

JÉRÔME: Eh bien, ça va être un week-end très cool!

G. Questions personnelles. Répondez aux questions suivantes avec des phrases complètes.

1. Quel(s) sport(s) savez-vous faire et quand le(s) pratiquez-vous?

_____

_____

2. Quel est le meilleur concert de musique que vous avez vu? Qui était le/la chanteur/chanteuse ou le groupe? Pourquoi est-ce le meilleur concert pour vous?

_____

_____

3. Quelles sont les vacances de vos rêves? Où allez-vous? Qu'est-ce que vous savez de cet endroit? Qu'est-ce que vous y faites?

_____

_____

Comment demander des renseignements de voyages

H. Une conversation à l'agence de voyages. Voici une conversation qui a eu lieu dans l'agence de Christophe. Remettez les phrases dans le bon ordre.

_____	**1.**	**a.** AGENT:	Non, il n'y a qu'un vol par jour.
_____	**2.**	**b.** AGENT:	Quand voulez-vous voyager?
_____	**3.**	**c.** CLIENT:	En classe touriste.
_____	**4.**	**d.** CLIENT:	Oui, s'il vous plaît.
_____	**5.**	**e.** CLIENT:	Bonjour, je voudrais aller à Dakar.
_____	**6.**	**f.** AGENT:	Il y a un vol direct Paris-Dakar sur Air Sénégal qui part à 10h00.
_____	**7.**	**g.** CLIENT:	C'est combien, un billet aller-retour?
_____	**8.**	**h.** AGENT:	Bonjour, monsieur. Je peux vous aider?
_____	**9.**	**i.** AGENT:	Alors, c'est 655 euros. Vous voulez faire une réservation?
_____	**10.**	**j.** CLIENT:	Il y a un autre vol plus tard?
_____	**11.**	**k.** CLIENT:	Dans deux semaines, le 30 mars. Et puis je voudrais revenir le 6 avril.
_____	**12.**	**l.** AGENT:	Préférez-vous voyager en première classe ou en classe touriste?

I. Un voyage au Mali. Imaginez que vous allez à l'agence de Christophe pour demander des conseils pour un voyage au Mali. Complétez votre conversation en utilisant les mots de la liste suivante.

connais	le	aller-retour	savez
saison	région	moins	chaud
y	vol	meilleur	

CHRISTOPHE: Bonjour, monsieur / madame! Puis-je vous aider?

VOUS: Oui, s'il vous plaît. _____ (1)-vous si je dois être vacciné(e) contre le

paludisme *(malaria)* pour aller au Mali?

CHRISTOPHE: Oui, c'est très recommandé. Est-ce que vous _____ (2) êtes déjà allé(e)?

VOUS: Non, mais je rêve de visiter cette _____ (3) de l'Afrique francophone.

CHRISTOPHE: Ah bon, pourquoi?

VOUS: Parce que je suis un(e) fan du musicien malien Ali Farka Touré. Vous _____ (4) connaissez?

CHRISTOPHE: Oui, un peu, je _____ (5) une de ses chansons… Alors, quand voulez-vous partir?

VOUS: Je ne sais pas… je voudrais éviter *(avoid)* la _____ (6) des pluies, et je ne veux pas y être quand il fait trop _____ (7) non plus…

CHRISTOPHE: Alors, le _____ (8) moment est au mois de novembre ou décembre.

VOUS: Parfait! Réservez-moi un _____ (9) Paris-Bamako du 3 au 24 novembre.

CHRISTOPHE: Il y a un _____ (10) avec la compagnie Alitalia le matin à 10:00 et un autre le soir avec Air France à 23h00. Lequel préférez-vous?

VOUS: Je voudrais le _____ (11) cher.

CHRISTOPHE: Très bien. Voici votre billet, monsieur / madame. Bon voyage!

Synthèse: Vive la fête de la musique!

C'est le 21 juin, et des centaines de musiciens jouent gratuitement *(for free)* dans les rues de Paris pour la fête de la musique. Vous y êtes, avec Christophe, et vous parlez de musique. Répondez aux questions de Christophe. Vous devez utiliser et souligner *(underline)* au moins 6 des 8 éléments suivants dans vos réponses:

deux comparatifs   un moyen de transport
un superlatif   **y**
il faut   **savoir** *ou* **connaître**
il vaut mieux

1. CHRISTOPHE: Qu'est-ce que tu penses de Faudel?

   VOUS: _____

   _____

2. CHRISTOPHE: Moi, j'aime beaucoup ses chansons. Tu aimes les musiques du monde, en général?

   VOUS: _____

   _____

3. CHRISTOPHE: Quel genre de musique est-ce que tu préfères écouter chez toi? Pourquoi?

   VOUS: _____

   _____

4. CHRISTOPHE: Est-ce que vous avez une fête de la musique aux États-Unis?

VOUS: _____

_____

5. CHRISTOPHE: Est-ce qu'il y a une ville américaine réputée *(famous)* pour ses concerts?

VOUS: _____

_____

6. CHRISTOPHE: Où est-ce qu'il est préférable d'aller aux États-Unis pour écouter de la bonne country?

VOUS: _____

_____

7. CHRISTOPHE: La fête se finit vers 2 ou 3 heures du matin. Comment est-ce que tu vas retourner à ton hôtel?

VOUS: _____

_____

🌐 Perspectives culturelles

A. Relisez le texte **La Francophonie: une source des musiques du monde** à la page 258 de votre livre et répondez aux questions suivantes.

1. Selon le texte, «la création artistique surpasse *(transcends)* les frontières nationales et les genres catégoriques». Expliquez en **français** ce que cela signifie pour vous.

_____

_____

2. Les musiques du monde ont des influences de plusieurs parties du monde. Donnez des exemples.

_____

_____

B. Relisez le texte intitulé **Un aperçu du monde francophone** aux pages 264–265 et identifiez les termes suivants.

_____ **1.** l'Algérie, le Maroc, la Tunisie

_____ **2.** le Sénégal, la Côte d'Ivoire, le Togo

_____ **3.** le Luxembourg, la Suisse, la Belgique

_____ **4.** le Québec

_____ **5.** la Martinique, la Guadeloupe, la Guyane

_____ **6.** le Liban

_____ **7.** La Réunion et Madagascar

_____ **8.** le Viêt Nam

      a. des pays européens francophones

      b. des départements d'outre-mer (DOM)

      c. un pays francophone au Moyen-Orient

      d. un pays francophone en Asie

      e. des anciennes colonies françaises au sud du Sahara

      f. deux îles francophones dans l'Océan Indien

      g. le Maghreb

      h. une région francophone en Amérique du Nord

C. Voix en direct: Écoutez parler quelques artistes du monde francophone. Relisez les témoignages des artistes aux pages 258–259, et répondez aux questions suivantes.

1. Faudel dit qu'il y a maintenant un quart d'heure de raï dans les boîtes. Est-ce une bonne chose pour lui? Pourquoi?

_____

2. Selon le groupe Kassav', à qui appartient la musique zouk? Comment cela est-ce possible? Pourquoi est-ce que les jeunes d'aujourd'hui s'éloignent *(grow distant)* de la musique américaine, selon eux?

_____

3. À votre avis, quel est le chanteur des musiques du monde le plus intéressant? Pourquoi?

_____

La maison et la routine quotidienne  Module 10

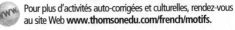 Pour plus d'activités auto-corrigées et culturelles, rendez-vous au site Web **www.thomsonedu.com/french/motifs.**

La vie de tous les jours

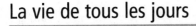 **Voir Structure 10.1** Describing your daily routine *Les verbes pronominaux (introduction)*

A. J'en ai marre de ma routine! Paul et Marc sont deux étudiants canadiens qui se connaissent depuis longtemps. Ce sont de très bons amis, mais ils sont aussi très différents. Paul est très travailleur et sérieux, alors que Marc est plus sociable et moins discipliné. Complétez leur conversation sur leur routine à l'université en écrivant les verbes au présent ou à l'infinitif.

MARC: Dis, Paul, ça va? Tu as l'air fatigué.

PAUL: J'en ai marre *(I'm sick)* de ma routine. Tous les jours, je _____ (1. se réveiller) à 6h30, je _____ (2. s'habiller) et je _____ (3. se préparer) pour mes cours. Après les cours, je fais de la recherche *(research)*! Je passe l'après-midi et la soirée à la bibliothèque. J'ai vraiment besoin de me changer les idées, mais je dois _____ (4. se concentrer) sur ma thèse *(thesis)*.

MARC: Dis, pourquoi tu ne m'accompagnes pas à Toulouse le semestre prochain? Je vais faire un programme d'échanges.

PAUL: Je voudrais bien, mais je dois rester ici pour finir ma thèse.

MARC: C'est pas obligé! Tu pourrais _____ (5. se servir) du courrier électronique, d'un ordinateur et d'Internet à Toulouse.

PAUL: Mmm, peut-être…

MARC: Mais si! Fais un maximum de travail ici pour pouvoir te détendre un peu à Toulouse. Imagine cette routine: nous _____ (6. se lever) tard, nous allons en classe et nous travaillons l'après-midi. Le soir, on sort dans les bars et on _____ (7. s'amuser). On _____ (8. se coucher) vers une ou deux heures du matin et on recommence le lendemain.

PAUL: C'est très tentant *(tempting)*! Je vais y réfléchir…

B. Une réunion convaincante. Pour convaincre Paul de l'accompagner en France, Marc l'invite à assister à une réunion d'information. Pendant cette réunion, deux étudiants qui ont déjà passé un semestre à Toulouse parlent de leur expérience là-bas. Complétez leurs commentaires en écrivant les verbes au passé composé ou à l'infinitif.

ÉLISA: Eh bien, pour moi, c'est très simple, j'ai passé la meilleure année de ma vie à Toulouse. D'abord, tous les jours, je _____ (1. se réveiller) avec le soleil et avec une douce chaleur. Quelle différence avec le Canada! Et puis, les gens sont gentils et prennent le temps de vivre: je _____ (2. ne pas se dépêcher) une seule fois là-bas, j'ai vraiment pu _____ (3. se détendre) et aussi travailler efficacement. La vie est diffé-rente là-bas, il faut vraiment y aller!

Annabelle: Moi aussi, j'ai vraiment vécu un semestre incroyable. Tout le monde a été très sympa avec moi. Le début a été un peu difficile: je _____ (4. se disputer) avec ma camarade de chambre, elle _____ (5. se mettre) en colère parce qu'une fois, je _____ (6. se servir) de son ordinateur portable sans (*without*) lui demander la permission. Mais je lui ai préparé un bon petit repas pour _____ (7. s'excuser) et après ça, nous sommes devenues très bonnes amies et nous _____ (8. s'amuser) toutes les deux comme des sœurs! Je garderai (*will keep*) toujours un excellent souvenir de mon séjour toulousain.

Daniel: Pareil (*same thing*) pour moi, je _____ (9. beaucoup s'amuser) là-bas. Le campus est sympa, le climat est agréable, et je vous conseille de _____ (10. se promener) le long de la Garonne, le fleuve (*river*) qui coule à Toulouse. C'est super beau! Moi, c'est simple, quand j'ai appris qu'il y avait ce programme d'échanges avec Toulouse, je _____ (11. se dépêcher) de m'inscrire et je ne le regrette absolument pas!

La maison, les pièces et les meubles

❈ **Voir Structure 10.2 Organizing your house and your time** *Les verbes comme **mettre***

C. Un appartement sur Internet. Paul a accepté de passer le semestre prochain avec Marc à Toulouse. Maintenant, ils doivent trouver un appartement à louer. Marc trouve ce plan sur Internet. Ajoutez les noms des pièces et des meubles qui manquent.

D. Attention au décollage! Paul et Marc sont dans l'avion et vont bientôt décoller *(take off)*. Complétez la conversation suivante en choisissant un verbe de la liste et en le conjuguant au présent ou en le laissant à l'infinitif.

mettre   promettre   remettre   permettre

PAUL: Combien de temps est-ce que l'avion _____ (1) pour aller d'ici à Paris?

MARC: Plus de 8 heures. Et après, ce n'est pas encore fini: il faut prendre le train pour aller à Toulouse.

PAUL: Oh là là! Ça va être long! Tu me _____ (2) de ne pas ronfler *(snore)*, d'accord?

MARC: Ne t'inquiète pas, j'ai l'intention de manger, de boire et de regarder tous les films qu'ils vont passer.

PAUL: Tiens, je n'ai pas de place ici pour mon sac. Tu le _____ (3) là-haut à côté du sac jaune, s'il te plaît?

MARC: Pas de problème… Ah, je rêve *(dream)* de voyager en classe affaires et d'avoir beaucoup de place! Malheureusement, mon petit salaire de serveur ne me _____ (4) pas une telle *(such a)* dépense! Tu connais Ameline et Catherine? Tous les mois, elles _____ (5) $150 sur leur compte d'épargne *(savings account)*. Je ne sais pas comment elles font…

PAUL: Oh zut, j'ai oublié de _____ (6) mon passeport dans mon sac. Tu peux me le redonner, s'il te plaît?

        L'hôtesse de l'air (flight attendant) *arrive près de Paul.*

L'HÔTESSE: Monsieur, _____ (7) votre siège en position verticale, s'il vous plaît, nous allons décoller.

PAUL: Oui, oui, bien sûr… *(à Marc)* C'est parti pour l'aventure!

Les tâches domestiques

❖ **Voir Structure 10.3** Making requests *L'impératif (suite)*

E. Dans leur logement toulousain. Paul et Marc sont enfin arrivés dans leur appartement à Toulouse. Monsieur Leroux, le propriétaire, leur a laissé une feuille avec quelques instructions et des conseils pour bien s'occuper de leur nouveau logement. Complétez ces conseils en conjuguant les verbes entre parenthèses à l'impératif.

Bienvenue dans votre nouveau logement!

J'ai quelques recommandations à vous faire. Par ordre d'importance:

1. (ne pas oublier) _____ de payer votre loyer le premier de chaque mois. Si par malheur vous oubliez, (me téléphoner) _____ immédiatement au 06-45-89-77-20 pour m'avertir *(let me know)*.

2. (faire) _____ attention de bien fermer la porte d'en bas à clé.

3. (être) _____ attentifs aux tâches ménagères à partager avec les autres locataires de l'immeuble. Vous trouverez une liste détaillée dans la cuisine.

4. Une fois par semaine, (passer) _____ l'aspirateur dans le couloir.

5. (ne pas laisser) _____ sortir le chat roux que vous voyez dans le couloir. C'est mon chat et il doit rester à l'intérieur.

6. (s'amuser) _____ bien ici à Toulouse et (prendre) _____ le temps de découvrir ses vieilles rues; vous découvrirez des trésors!

Monsieur Leroux

F. Comment être diplomatique. Paul, qui aime bien organiser, dit à Marc ce qu'il faut faire dans leur nouvel appartement. Lisez ce que Paul pense et aidez-le à formuler ses ordres de façon diplomatique.

Modèle: Marc ne fait pas la vaisselle.
Marc, tu veux bien faire la vaisselle, s'il te plaît? Tout est sale!

1. Marc ne passe jamais l'aspirateur.

_____

2. Le salon est toujours en désordre.

_____

3. Marc laisse toujours traîner ses vêtements partout.

_____

4. Après un repas avec ses nouveaux copains, Marc oublie toujours la nourriture sur la cuisinière.

Vous _____.

G. Questions personnelles. Répondez aux questions suivantes avec des phrases complètes.

1. Qui s'occupe de la maison chez vous? Qu'est-ce qu'il ou elle fait?

_____

_____

2. Quelle tâche domestique est-ce que vous détestez le plus?

_____

_____

3. Est-ce que vous vous mettez en colère quand votre camarade de chambre ne vous aide pas à faire les tâches ménagères? Qu'est-ce que vous lui dites?

_____

_____

Comment trouver le mot juste

H. Qu'est-ce qu'on dit? Peu après son arrivée, Marc commence à sortir avec Estella, une étudiante espagnole. Elle ne parle pas très bien français alors Marc l'aide à apprendre ce qu'on dit dans les situations suivantes. Écrivez ce qu'il lui explique.

1. Si ton ami(e) est fatigué(e) après une semaine difficile, tu lui dis: _____

2. Quand quelqu'un a un rhume *(cold)*, tu lui dis: _____

3. Si un ami fête son anniversaire, tu lui dis: _____

4. Quand quelqu'un va sortir en boîte, tu lui dis: _____

5. Si tes amis vont passer un examen, tu leur dis: _____

6. Si ta colocataire va se coucher, tu lui dis: _____

7. Quand quelqu'un commence un repas, tu lui dis: _____

8. Si ton amie réussit à un examen, tu lui dis: _____

Comment se plaindre

❖ **Voir Structure 10.4** Using negative expressions *Les expressions négatives*

I. Comme un vieux couple! Marc et Paul n'arrêtent pas de se disputer à propos de la répartition des tâches domestiques. Complétez leur dispute en utilisant des expressions négatives de la liste.

ne... que	**rien ne**	**ne... ni... ni**
ne... jamais	**ne... plus**	

PAUL: Écoute, j'en ai marre! C'est toujours moi qui passe l'aspirateur!

MARC: Et alors? Toi, tu _____ (1) fais _____ (2) la cuisine! Et

maintenant, tu _____ (3) fais même _____ (4) les courses!

C'est moi qui dois tout faire.

PAUL: Ah oui? Et qui est-ce qui fait la vaisselle tous les jours, hein? Qui?

MARC: Oh! Ça va! Tu _____ (5) fais _____ (6) ça. Alors s'il te

plaît, ne te vante pas trop *(don't brag too much)*!

PAUL: _____ (7) va dans cette maison! J'en ai assez! Je _____ (8) ai

_____ (9) la patience _____ (10) l'énergie de supporter ça!

MARC: Alors, passe l'aspirateur, ça va te détendre et on en reparlera après!

Synthèse: Moi et ma chambre

The academic year is starting in a couple of weeks and you and your best friend still haven't found a place to live. Together you look up **www.avendrealouer.com** on the Internet and find the following ads (les annonces), all within walking distance to campus. Choose one ad and explain why you think this is the best place for you and your friend.

Nouveau vocabulaire:

un ascenseur	*an elevator*	un gardien	*a guard*
un chauffage	*heating*	un séjour	*a living-room*

Annonce n°1. Au 4ème étage d'un immeuble calme, 3 pièces composé d'une entrée, d'un séjour, de deux chambres meublées, d'une cuisine, d'un wc et d'une salle de bains. Pas d'ascenseur, pas de parking. Libre le 4 septembre. Loyer: 895 €/mois, charges comprises. Réf: Boursicault. Tél: 01.42.13.79.01

Annonce n°2. Appartement composé d'une entrée, séjour, 2 chambres, cuisine, salle de bains avec wc. Refait neuf. Chauffage électrique. Très belle vue, très bel immeuble. 1 place parking. Loyer: 935 €/mois, charges comprises. Réf: M30/. Tél: 01.56.41.22.36

Annonce n°3. Au 5ème étage sans ascenseur, appt de 3 pièces comprenant entrée, séjour, 2 chambres, balcon, cuisine, salle de bains, wc séparés. Chauffage gaz. Libre le 31 août. Loyer: 1200 €/mois, charges comprises. Réf: L15/. Tél: 01.56.31.22.20

Annonce n°4. Dans imm. 1990 avec gard. au 6ème avec asc., vue sur jardin, appart comprenant entrée, séjour avec terrasse, parquet, 2 chbres moquette, plcd, cuisine, sdb, wc, cave et parking. Chauff/ eau chaude électrique. Tél: 06 61 33 03 05. Loyer: 1050 €/mois charges comprises. Réf: 19E2-3

Annonce n°5. Dans immeuble ancien, au 5ème étage avec ascenseur, un appartement composé d'une entrée, d'un séjour, de 2 chambres, d'une cuisine équipée (plaques, frigo, lave-linge, lave-vaisselle), d'une salle de bains, wc séparés, balcon. 2 places parking. Libre le 1er septembre. Loyer: 1100 €/mois charges comprises. Tél: 01.42.79.55.50

Annonce n°6. 3 Pces, 2ème étage, asc, entrée, cuisine avec frigo, salle de bains, wc séparé, séjour, 2 chambres, placards, cave, parking, gardien, interphone. Tél entre 9 h et 12 h au 06 17 38 79 12 ou 01 48 20 45 87. Loyer: 1200 €/mois charges comprises. Réf: 1194/.

Modèle: *J'aime l'annonce n° 1. Pour mon colocataire et moi, c'est l'appartement idéal parce qu'il n'est pas très cher et que nous ne sommes pas riches. Il y a déjà des meubles dans les chambres, alors nous allons économiser (save) un peu d'argent comme ça. Il n'y a pas de parking? Ce n'est pas grave (It doesn't matter) parce que nous n'avons pas de voiture. Il n'y a pas d'ascenseur, mais nous sommes sportifs: nous prenons les escaliers! Et puis, nous préparons des examens importants cette année, alors nous devons étudier dans le calme. Vraiment, c'est parfait!*

⊕ Perspectives culturelles

A. Relisez **Les habitations françaises** aux pages 293–294 de votre manuel et faites correspondre les éléments de gauche avec les éléments de droite. Parfois, il y a plus d'une réponse.

1. Certaines personnes aiment habiter dans des villes nouvelles parce qu(e)…

2. L'avantage de vivre à Paris est qu(e)…

3. Un HLM est…

4. Un mas en Provence est une bonne option pour les gens qui…

5. Dans la banlieue, il n'y a pas…

a. il y a plus d'animation.

b. de graffitis.

c. les loyers sont moins chers.

d. une Habitation à Logement Moyen.

e. veulent rénover leur maison.

f. veulent être proches de la nature.

g. de fleurs ni de verdure.

h. les logements sont plus grands et plus confortables.

i. une Habitation à Loyer Modéré.

B. Relisez le texte **Le travail de la maison** à la page 297 de votre manuel et dites si les phrases suivantes sont vraies ou fausses.

	vrai	faux
1. En France, on n'utilise pas beaucoup d'appareils ménagers.	❑	❑
2. En France, généralement, la femme reste à la maison pendant que le mari travaille.	❑	❑
3. Les femmes passent plus de temps à faire des tâches ménagères que les hommes.	❑	❑
4. Les hommes s'occupent de l'éducation de leurs enfants presque autant que les femmes.	❑	❑

C. Voix en direct: À la maison, quelles étaient vos tâches ménagères? Relisez les témoignages à la page 297 de votre manuel et répondez aux questions suivantes.

1. Quelles tâches ménagères font Gaétan, Gwenaëlle et Pierre-Louis? Et vous? Cochez les cases appropriées.

	Gaétan	Gwenaëlle	Pierre-Louis	Vous
mettre la table	❑	❑	❑	❑
débarrasser la table	❑	❑	❑	❑
faire le lit	❑	❑	❑	❑
ranger la chambre	❑	❑	❑	❑
tondre *(mow)* le jardin	❑	❑	❑	❑
aller chercher le pain	❑	❑	❑	❑
promener le chien	❑	❑	❑	❑

2. Quelles tâches ménagères font votre mère et votre père? Est-ce que votre père ressemble au père de Gwenaëlle ou au père de Gaétan?

_____

_____

_____

3. Certaines personnes pensent qu'il est important que les enfants participent aux tâches ménagères et aident dans la maison. Êtes-vous d'accord? Pourquoi ou pourquoi pas?

_____

_____

_____

_____

Voyager en France

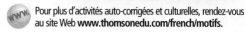

Pour plus d'activités auto-corrigées et culturelles, rendez-vous au site Web **www.thomsonedu.com/french/motifs.**

Paris, j'aime!

❇ **Voir Structure 11.1 Talking about the future** *Le futur*

A. Quel cadeau! Alexandra vient de recevoir son diplôme. Comme cadeau, ses parents lui ont offert un voyage en France pour deux personnes. Alexandra propose à sa copine Julie de l'accompagner. Complétez le message suivant d'Alexandra en mettant les verbes entre parenthèses au futur.

Chère Julie,

Devine ce qui m'arrive! Mes parents viennent de m'offrir un voyage en France pour deux personnes et j'ai aussitôt pensé à toi! J'espère que tu seras prête à prendre l'avion dans trois semaines!

Imagine un peu… À Paris, nous _____ (1. se promener) sur les Champs-Élysées! Ensuite, avant de visiter le Louvre, nous _____ (2. aller) prendre un chocolat chez Angelina. Après avoir regardé *La Joconde,* on _____ (3. visiter) le musée Picasso dans le Marais.

J'ai déjà téléphoné à mon amie Catherine qui habite à Paris; elle est chef dans un grand restaurant parisien et elle nous _____ (4. faire) un dîner inoubliable *(unforgettable)*! Après, ce _____ (5. être) le moment parfait pour aller au cinéma. Il y _____ (6. avoir) sûrement des films super que nous n'avons pas vus! Ensuite, nous _____ (7. partir) à Aix-en-Provence, et là-bas, tu _____ (8. pouvoir) acheter beaucoup de produits parfumés à la lavande, je sais que tu adores ça! J'ai aussi l'adresse de deux artisans *(craftsmen)* qui nous _____ (9. montrer) comment faire du savon!

Alors? Qu'est-ce que tu en dis? Accepte… J'attends ta réponse avec impatience! Je _____ (10. être) si contente si tu dis oui!

Grosses bises et appelle-moi vite!

B. En route pour Paris. Alexandra et Julie sont maintenant dans l'avion en direction de la capitale française. Elles discutent de ce qu'elles feront à Paris. Complétez la conversation en mettant les verbes entre parenthèses au présent ou au futur.

ALEXANDRA: Quand nous _____ (1. arriver) à Paris, j(e) _____ (2. acheter) tout de suite un croissant et un pain au chocolat!

JULIE: Oh là là! Tu ne penses qu'à manger! Moi, je _____ (3. lire) *L'Officiel des spectacles* pour savoir quel film nous _____ (4. aller) voir si jamais il *(it ever)* _____ (5. pleuvoir)!

ALEXANDRA: Bonne idée. Et si tu _____ (6. ne pas trouver) de bon film, nous

_____ (7. pouvoir) toujours aller visiter un de ces formidables musées

parisiens!

JULIE: Oui, mais je te préviens *(warn)*… pas plus d'un musée par jour! De toute façon, quand tu

_____ (8. voir) combien l'architecture à Paris est belle, tu

_____ (9. ne pas avoir) envie *(the desire)* d'aller t'enfermer dans un musée!

ALEXANDRA: Nous _____ (10. voir) quand nous _____ (11. être)

là-bas!

B. Au cas où…! Julie et Alexandra parlent de ce qu'elles feront au cas où certaines situations se présentent. Complétez leur conversation en associant les éléments appropriés de la colonne de A avec des éléments de la colonne de B.

A

_____ **1.** Si nous perdons nos chèques de voyage,

_____ **2.** Si les restaurants sont trop chers,

_____ **3.** Si le musée du Louvre est fermé pour travaux *(repairs)*,

_____ **4.** Si nous voulons nous renseigner,

_____ **5.** S'il fait beau,

_____ **6.** Si nous ratons *(miss)* l'avion pour revenir aux États-Unis,

_____ **7.** Si les transports en commun sont en grève *(on strike)*,

_____ **8.** Si nous avons assez d'argent,

B

a. nous pique-niquerons dans les parcs.

b. nous marcherons ou nous prendrons un taxi.

c. nous utiliserons notre carte de crédit.

d. nous profiterons de notre journée supplémentaire à Paris pour visiter le musée Rodin.

e. nous achèterons des billets pour l'opéra.

f. nous nous promènerons dans le quartier et sur les quais de la Seine.

g. nous demanderons des renseignements au guichet d'information *(information booth)*.

h. nous irons nous promener au jardin du Luxembourg.

Comment se repérer en ville

D. Pardon, monsieur... Julie et Alexandra ont oublié leur plan de Paris à l'hôtel! Elles sont rue de Bellechasse, devant le musée d'Orsay et elles ne savent pas comment aller à l'Hôtel de Ville. Elles demandent leur chemin à un monsieur qui passe dans la rue. En vous aidant du vocabulaire de la liste et de la carte, complétez leur conversation.

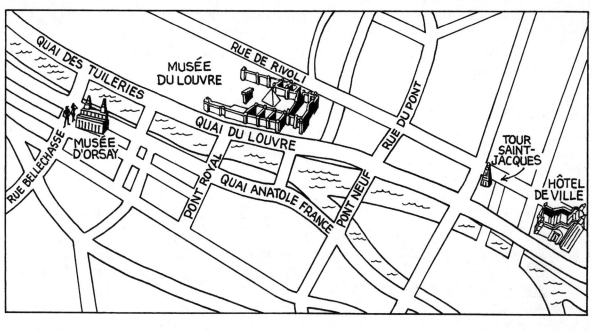

à droite	tournez à droite	en face de / devant	jusqu' à
loin d'	où se trouve	prenez	tournez
tout droit	traverser		

ALEXANDRA: Pardon, monsieur, pourriez-vous me dire _____ (1) l'Hôtel de Ville?

LE PASSANT: Alors, l'Hôtel de Ville... il est assez _____ (2) ici, vous allez devoir

marcher... Tournez _____ (3) sur le quai Anatole France puis tournez

à gauche. Vous allez _____ (4) le pont Royal. De là, vous verrez bien le

musée du Louvre. _____ (5) ensuite le quai du Louvre et continuez

_____ (6). À la rue du Pont, _____ (7) à gauche et

continuez _____ (8) la rue de Rivoli. _____ (9),

passez la tour Saint-Jacques et continuez à marcher. L'Hôtel de Ville sera bientôt

_____ (10) vous, un peu sur la droite.

ALEXANDRA: Merci beaucoup, monsieur!

Voyager pas cher

❋ **Voir Structure 11.2** **Finding out what you need and asking for information** *Avoir besoin de et les mots interrogatifs (suite)*

E. Vive les routards! Julie et Alexandra ont décidé d'explorer le nord-est de la France. Dans le train qui les emmène à Nancy, elles rencontrent Alain et Étienne, qui travaillent pour le *Guide du Routard,* un célèbre guide de voyage français. Alain et Étienne sont très sympas et leur disent ce dont elles ont besoin pour un parfait séjour en Lorraine. Choisissez la réponse appropriée pour compléter leurs phrases.

1. Les hôtels sont un peu chers, alors allez plutôt dans une auberge. Vous paierez seulement 12 euros la nuit, mais vous aurez besoin...
   a. d'une réserve
   b. une carte de la Fédération unie des auberges de jeunesse (FUAJ)
   c. d'une carte de la Fédération unie des auberges de jeunesse (FUAJ)

2. Puisque *(Since)* vous voulez voir un maximum de choses pendant votre séjour tout en *(all the while)* faisant un peu d'exercice, vous aurez besoin...
   a. louer des vélos
   b. de louer des vélos
   c. d'un loyer de vélos

3. Si vous voulez voir un musée intéressant sur l'Art Nouveau, je vous conseille le musée de l'École de Nancy. Mais je crois qu'ils ont changé leurs horaires d'ouverture *(opening hours)* récemment, alors pour avoir les nouveaux horaires, vous aurez besoin...
   a. de téléphoner
   b. de réserver
   c. un téléphone

4. Et puis si vous voulez bénéficier du tarif réduit, vous aurez besoin...
   a. d'une carte d'étudiant
   b. d'une carte Inter-Rail
   c. d'étudier

5. La Lorraine est vraiment très bien située, elle est si près de l'Allemagne, de la Belgique et du Luxembourg! Vous devez visiter au moins un de ces pays. Pour payer moins cher, vous aurez besoin...
   a. d'un vélo
   b. d'un Eurailpass
   c. un Eurailpass

6. Hélas, vous aurez besoin... mais pas d'une somme énorme.
   a. d'argent
   b. de l'argent
   c. de patience

F. Tout sur Nancy. Julie et Alexandra ont encore beaucoup de questions à poser à Étienne et Alain. Complétez leurs questions avec la structure interrogative appropriée.

ALEXANDRA: J'adore les chocolats chauds. _____ (1) est-ce que je peux boire le

meilleur?

ÉTIENNE: Dans un petit bar qui s'appelle le Bar des Carmes, à 10 minutes à pied de la gare.

JULIE: J'ai besoin de m'acheter un nouveau jean. _____ (2) est-ce que les

magasins du centre commercial ferment?

ALAIN: Ils ferment à dix-neuf heures.

JULIE: _____ (3) sont les gens de Nancy? On me dit qu'ils sont un peu fermés.

ÉTIENNE: Non, ils sont comme tous les gens du Nord: un peu froids quand on ne les connaît pas, mais

très chaleureux *(warm)* en réalité!

ALEXANDRA: _____ (4) est-ce qu'ils aiment jouer?

ALAIN: Au foot, principalement.

JULIE: Il y a parfois des gens qui savent absolument tout sur leur ville. _____ (5)

est-ce que nous pouvons parler pour tout savoir sur Nancy?

ÉTIENNE: Parlez à Germaine. Elle est souvent place des Vosges. Vous la reconnaîtrez: elle a toujours un

béret rose. Elle est parfois avec une amie, Paulette.

JULIE: Excusez-moi, je n'ai pas entendu. Elle est _____ (6)?

ÉTIENNE: Avec son amie Paulette, qui promène toujours son petit chien blanc.

Comment réserver une chambre d'hôtel

G. Une excursion imprévue! Les deux copines ont décidé de passer trois jours dans le sud de la France. Elles désirent loger dans un hôtel au bord de la plage. Alexandra utilise son ordinateur portable pour écrire un mèl à un hôtel qui se trouve à Palavas-les-Flots et réserver une chambre. Lisez les informations suivantes sur l'hôtel et terminez le message d'Alexandra en faisant une réservation.

Hôtel de France
6, boulevard des Pins
Palavas-les-Flots

- Chambre double: 60€ (salle de bains à l'étage)
- Chambre double avec salle de bains et vue sur la mer: 85€; avec balcon: 94€
- Chambre simple: 55€; avec salle de bains: 65€
- Chambre simple avec salle de bains et vue sur la mer: 75€; avec coin cuisine: 80€
- Petit déjeuner non compris, dans le restaurant: 10€ (servi de 6h30 à 9h30) dans la chambre: 15€ (servi de 6h30 à 11h30)

Monsieur,

Je vous écris pour réserver… _____

_____

_____

_____

_____

Merci de votre attention.

En attendant votre réponse, acceptez, Monsieur, mes sentiments les meilleurs.

La France et ses régions

❄ **Voir Structure 11.3 Making past participles agree with the helping verb avoir** *L'accord du participe passé avec l'auxiliaire avoir*

H. Une aventure sur une rivière. Julie et Alexandra ont des amis qui habitent à Marseille. Julie vient de recevoir un courriel d'un de ces amis, Jean-Louis, dans lequel il lui décrit une aventure récente. Complétez le courriel suivant en faisant l'accord du participe passé si c'est nécessaire. Pour vous aider, soulignez l'objet direct avec lequel vous faites l'accord.

Modèle: C'est une ville que nous avons visitée.

Chère Julie,

Je viens de descendre la rivière qui coule au fond *(runs at the base)* des splendides gorges entre Nîmes et Avignon. Je l'ai descendu_____ (1) en canoë-kayak et, crois-moi, c'est une expérience très physique! J'étais avec un groupe de gens formidables et je les ai trouvé_____ (2) tous très sympathiques, excepté peut-être un étudiant en médecine qui n'a pas arrêté_____ (3) de se plaindre! Remarque, parfois il avait raison car je n'avais pas eu_____ (4) mal au dos comme ça depuis bien longtemps. C'est une promenade très agréable mais nous l'avons fait_____ (5) très vite et nous avons dû_____ (6) beaucoup ramer *(to row)*. Enfin, nous avons fini_____ (7) la randonnée au pont du Gard, et c'était magnifique!

Si tu as l'occasion quand tu viendras en France, n'hésite pas, fais-le!

L'identité française

❄ **Voir Structure 11.4 Talking about what you see and what you believe** *Les verbes voir et croire*

I. Les stéréotypes culturels. Complétez la conversation suivante entre Alexandra et sa copine française, Catherine, en conjuguant les verbes **croire** et **voir** au présent.

ALEXANDRA: Dis-moi, Catherine, est-ce que tu _____ (1. croire) que la culture française est très influencée par les États-Unis?

CATHERINE: Sous certains angles, je _____ (2. croire) que oui. Tu _____ (3. voir), beaucoup de Français _____ (4. croire) souvent que tout ce qui vient des États-Unis est meilleur.

ALEXANDRA: Oh! Ne _____ (5. croire) pas que ce genre de comportement est exclusivement français. Aux États-Unis, beaucoup de gens _____ (6. voir) la France comme le paradis de l'élégance et de la gastronomie! Et nous _____ (7. voir) bien que ce n'est pas forcément vrai. Les stéréotypes, ça ne marche pas toujours!

CATHERINE: Oh! Ça, je suis bien d'accord. Mais hélas, nous _____ (8. croire) plus facilement aux affirmations simples qu'à celles qui reflètent la complexité de la réalité!

Synthèse: Une proposition de voyage!

Alexandre et Julie veulent quitter Paris pour quelques jours. Vous leur proposez une visite de quelques jours dans une des régions suivantes: la vallée de la Loire, le Périgord, la Côte d'Azur, la Provence ou la Bretagne. Expliquez où elles logeront, le temps qu'il fera, leur moyen de transport et quelques activités qu'elles feront ensemble. Utilisez un moteur de recherche *(search engine)* comme **Google.fr** pour trouver des informations spécifiques sur la région de votre choix.

Modèle: *Salut, Alexandra et Julie,*
Je sais que vous vous amusez bien à Paris. Mais Paris n'est pas toute la France! Je vous propose un petit voyage de quelques jours en _____ (région) Ce ne sera pas trop cher. Vous pourrez…

_____

_____

_____

_____

_____

_____

_____

_____

_____

_____

_____

_____

_____

⊕ Perspectives culturelles

A. Relisez les pages consacrées à **Paris, j'aime!** dans votre manuel (pages 330–332), **La France et ses régions** aux pages 330–331, et **La culture française face à l'Amérique** à la page 336. Indiquez si les affirmations suivantes sont vraies ou fausses. Si c'est faux, corrigez la phrase.

1. Paris a moins de prestige que les autres capitales européennes.   **vrai**   **faux**

2. Le célèbre tableau *La Joconde* se trouve au musée d'Orsay.   **vrai**   **faux**

3. Les Français ont beaucoup de respect pour le passé et la tradition.
   Alors, on voit peu d'exemples d'architecture moderne à Paris.   **vrai**   **faux**

4. La ville d'Avignon est connue pour son festival du film pendant l'été.   **vrai**   **faux**

5. En Alsace-Lorraine, on voit une forte influence allemande.   **vrai**   **faux**

6. C'est dans le Périgord qu'on peut voir l'un des plus beaux châteaux de la
   vallée de la Loire.   **vrai**   **faux**

7. On appelle «franglais» les Français nés aux États-Unis.   **vrai**   **faux**

8. Certains Français ont peur d'une invasion de la culture américaine en France.   **vrai**   **faux**

9. L'arrivée d'immigrants sur le sol français est un phénomène très récent.   **vrai**   **faux**

B. Relisez le poème *Le Message* de Jacques Prévert à la page 338. Imaginez que vous devez expliquer l'histoire de ce poème à Julie et Alexandra. Écrivez un petit paragraphe **en prose.** Vous avez le droit d'interpréter ce poème à votre manière pour l'expliquer.

_____

_____

_____

_____

_____

_____

_____

_____

C. Voix en direct: Quelle région de France vous tient le plus à cœur? Relisez les témoignages aux pages 331–332 de votre manuel et répondez aux questions suivantes.

1. Delphin parle de l'attitude de certains Parisiens à propos de la France. Qu'est-ce qu'il dit?

_____

_____

_____

_____

2. Quelle est sa recommandation pour un voyageur en France?

_____

_____

_____

_____

3. Est-ce que Gaétan préfère habiter en ville ou à la campagne? Pourquoi? Et vous?

_____

_____

_____

_____

4. Laurence vient d'une région connue pour un produit culinaire. Qu'est-ce que c'est? Est-ce que vous venez d'une région connue pour un produit, une personne ou un événement en particulier? Expliquez.

_____

_____

_____

_____

Les jeunes face à l'avenir

❋ Module 12

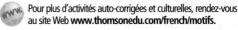

Pour plus d'activités auto-corrigées et culturelles, rendez-vous au site Web **www.thomsonedu.com/french/motifs**.

Le système éducatif francais

❋ Voir Structure 12.1 Using pronouns for emphasis *Les pronoms relatifs **ce qui** et **ce que***

A. Les jeunes et l'éducation. On a posé des questions à des jeunes Français au sujet de leurs études. Lisez leurs réponses, puis répondez aux questions qui suivent.

> ### Micro-trottoir
>
> **Karim, 20 ans**
> «La fac, c'est pas du tout comme le lycée. Il faut être vachement indépendant parce que les profs vous aident pas du tout. Et il y a trop d'étudiants dans les amphis, il y en a assis par terre *(on the floor)*. Alors, il faut vraiment être motivé… Ce qui est dur, c'est qu'il y a que 2 examens dans l'année, en janvier et en juin. Si vous échouez, eh ben vous devez redoubler toute l'année!»
>
> **Catherine, 11 ans**
> «Moi, je suis en cinquième. J'aime bien le collège. C'est un grand changement comparé à l'école primaire parce qu'on a plusieurs profs (un par matière) et l'emploi du temps est plus varié, chaque jour de la semaine est différent. Mais moi, je préfère ça. Et puis, j'apprends l'anglais depuis l'année dernière, c'est vachement bien! Quand je serai en quatrième, j'apprendrai l'espagnol. Ça va être cool!»
>
> **Théo, 17 ans**
> «Je trouve qu'il y a pas beaucoup de différences entre le collège et le lycée. C'est la même organisation, mais c'est un peu plus difficile. Moi, l'année prochaine, je passe le bac… ça me fait un peu peur, il y a tellement de matières à apprendre! Et puis après, il y a la fac… En France, on choisit très tôt ce qu'on va étudier à la fac, dès la seconde, parfois même avant. J'aimerais bien un peu plus de flexibilité dans le système, moi. À 17 ans, je ne suis pas sûr de savoir ce que je veux faire de ma vie!»
>
> **Amélie, 23 ans**
> «Moi, je fais un master en anglais. J'ai fait mon année de licence en Angleterre, à Birmingham. C'était génial! Je suis partie avec le programme d'échange Erasmus. Beaucoup d'étudiants voulaient y aller (plus de 20 pour seulement 6 places!), mais j'ai beaucoup bossé (= étudié) et j'ai été sélectionnée! Je conseille à tout le monde de partir en échange.»

1. Pour Karim, quels sont les challenges de la fac?

   _____

   _____

2. Selon Catherine, quelles sont les différences entre l'école primaire et le collège?

   _____

   _____

3. Qu'est-ce que Théo pense du système éducatif français?

   _____

   _____

4. Comment est-ce qu'Amélie est partie en Angleterre? Est-ce que c'est facile d'être sélectionné pour ce programme?

_____

_____

5. Quelles sont les différences entre le lycée et la fac aux États-Unis? Que pensez-vous du système éducatif
américain en général?

_____

_____

_____

6. Et vous? Avez-vous l'intention de partir étudier à l'étranger, comme Amélie? Pourquoi ou pourquoi pas?

_____

_____

_____

B. La vie après le bac. Le petit frère de Karim, Pierre, et son copain Arthur, parlent nerveusement de
l'examen qu'ils doivent passer dans trois jours, le bac. Complétez leur conversation en utilisant le pronom
approprié: **ce qui** ou **ce que**.

PIERRE: _____ (1) me fait peur, c'est l'idée de ne pas pouvoir finir à temps.

ARTHUR: Moi aussi. Mais, _____ (2) me rassure, c'est que Marc a pu terminer sans

problème. Et tu sais _____ (3) il a fait après? Il est parti en Espagne. Moi,

j'aimerais bien partir en Italie, explorer quelque coin perdu de la Toscane…

PIERRE: Bonne idée! On pourrait partir en attendant les résultats?

ARTHUR: Oui, c'est _____ (4) je pensais.

PIERRE: J'suis pour! Mais _____ (5) me préoccupe un peu, c'est que j'avais promis à

Catherine de partir en Provence avec elle.

ARTHUR: Eh ben, invite-la! On s'amusera tous les trois à goûter les spécialités gastronomiques de la région!

PIERRE: Impeccable!

La mode–tendances

❋ **Voir Structure 12.2** Using pronouns for pointing things out *Lequel et les adjectifs démonstratifs ce, cet, cette et ces*

❋ **Voir Structure 12.3** Talking about offering and borrowing *L'ordre des pronoms*

C. Chacun son magasin. Karim et Michel font du lèche-vitrines *(window shopping)* avec leurs copines Carole et Annie. Les jeunes filles s'intéressent aux magasins de mode, tandis que les garçons préfèrent regarder les gadgets électroniques. Complétez leur conversation avec les formes de **lequel** qui conviennent ou avec les adjectifs démonstratifs appropriés (suivis de **-ci** ou **-là** si nécessaire).

> **Modèle:** ANNIE: Regarde cette chemise!
> CAROLE: *Laquelle?*
> ANNIE: *Cette* chemise-*là* aux manches courtes en solde à 38 euros.

CAROLE: Elle est pas mal. Mais je préfère _____ (1) chemise

_____ (2), en bleu. J'aime bien aussi ce pantalon.

ANNIE: _____ (3)?

CAROLE: _____ (4) pantalon _____ (5), le corsaire *(capris)* en

jean. Qu'est-ce que tu en penses, Michel?

MICHEL: Moi, la mode, ça m'intéresse pas tellement, je préfère l'électronique. Karim, regarde

_____ (6) lecteurs DVD!

KARIM: _____ (7)?

MICHEL: _____ (8) lecteurs _____ (9) dans la vitrine à côté.

KARIM: Cool! Les filles, vous pouvez aller dans _____ (10) boutique

_____ (11). Nous allons passer une demi-heure dans

_____ (12) magasin d'électronique. Amusez-vous bien! À tout à l'heure!

D. Des fringues pour sortir en boîte. Karim téléphone à Michel pour l'inviter à sortir en boîte. Le problème… Karim n'a rien à mettre et les deux ont peur que les videurs *(bouncers)* ne les laissent pas entrer. Complétez leur dialogue en utilisant des pronoms d'objet direct, indirect ou bien **y** ou **en**.

MICHEL: Carole, Annie et les autres vont au «Dongeon» ce soir. Tu veux y aller?

KARIM: Ouais, je voudrais bien. Mais j'ai rien à me mettre.

MICHEL: T'as pas quelque chose dans ton armoire?

KARIM: Mais non, j'ai rien! J'ai pas de fringues cool! T'as pas de veste ou de chemise à me prêter?

MICHEL: Attends, je regarde dans mon armoire. Ah, j(e) _____ (1) vois ma chemise

verte disco et ma veste marron. Je _____ (2) prête, si tu veux.

KARIM: Ah non, mon vieux! Je refuse de porter cette chemise. Elle est moche! La couleur est horrible! T'as

pas de chemise d'une autre couleur?

MICHEL: Si, j(e) _____ (3) ai une blanche. Tu sais, je _____ (4) ai

mise à la soirée d'anniversaire de Luc. Qu'est-ce que tu _____ (5) penses?

KARIM: Ah oui, je m'en souviens. Oui, elle est pas mal. Je peux _____ (6) emprunter *(to borrow)*?

MICHEL: Oui, je _____ (7) prête à condition que tu me passes ton nouveau CD de U2.

KARIM: Impossible! Tu connais Stéphane? Je _____ (8) ai déjà prêté. Mais aussitôt qu'il _____ (9) rend, je _____ (10) passe. Ça te va?

MICHEL: D'accord, ça me va.

Comment faire des achats

❋ **Voir Structure 12.4 Talking about paying for things** *Les verbes comme payer*

E. Le blouson en cuir (leather). Carole veut s'acheter un des super beaux blousons en cuir qu'elle a trouvés dans une boutique. Complétez son dialogue avec la vendeuse.

VENDEUSE: Bonjour. _____ (1) vous aider?

CAROLE: Oui. Je _____ (2) un blouson en cuir.

VENDEUSE: Quelle _____ (3) faites-vous?

CAROLE:: _____ (4) 40, mais j'aimerais qu'il soit bien large, c'est plus _____ (5).

VENDEUSE: J'ai ce qu'il vous faut! Regardez ce modèle en marron! La _____ (6) est superbe!

CAROLE: Hum… Oui, vraiment, il est très joli. Je peux l'_____ (7)?

VENDEUSE: Mais bien sûr! Voilà la _____ (8).

CAROLE: Attendez… *(Elle regarde l'étiquette* [tag].) Il _____ (9) 359 euros?!

VENDEUSE: Non! Non! Non! Il est en _____ (10) aujourd'hui à 280 euros. C'est une très bonne _____ (11)!

CAROLE: Sans aucun doute, mais de toute façon, c'est beaucoup trop _____ (12) pour moi!

F. L'entretien. Carole passe un entretien pour un petit job d'été en tant que vendeuse au magasin Le Printemps. Complétez la conversation entre l'employeur et elle en utilisant la forme correcte des verbes entre parenthèses.

EMPLOYEUR: Mademoiselle Champlain, _____ (1. essayer [impératif]) de me dire en quelques mots pourquoi vous êtes la candidate idéale pour ce travail.

CAROLE: Eh bien, je suis travailleuse, indépendante et très organisée.

EMPLOYEUR: Très bien. Est-ce que ça vous _____ (2. ennuyer) de passer la plupart de votre temps debout *(standing up)*?

CAROLE: Non, pas du tout. J'ai l'habitude.

EMPLOYEUR: Bon, parfois, il faut utiliser le fax pour commander des nouveaux vêtements. Est-ce que vous savez comment faire?

CAROLE: Oui, sans problème, j'_____ (3. envoyer) très souvent des fax à mon oncle qui habite au Canada.

EMPLOYEUR: D'habitude, c'est notre technicien qui _____ (4. nettoyer) la machine à fax quand il y a des pannes *(breakdowns),* mais il est en arrêt maladie *(on sick leave).* Est-ce que vous saurez vous en occuper?

CAROLE: Oui, sans problème.

EMPLOYEUR: Notre compagnie _____ (5. employer) souvent des étudiantes, comme vous, que nous _____ (6. payer) le salaire minimum.

CAROLE: Ça me va.

EMPLOYEUR: Eh bien, Mademoiselle Champlain, l'entretien est terminé. Ne m'_____ (7. envoyer [impératif]) pas de message pour savoir si vous êtes embauchée; je vous contacterai la semaine prochaine.

CAROLE: Très bien, merci, monsieur.

Comment faire et accepter des compliments

G. À la française! Entraînez-vous à *(Practice)* faire et accepter des compliments comme les Français le font. Suivez le modèle et utilisez le vocabulaire et les expressions à la page 368 de votre manuel. Variez les expressions!

> **Modèle:** Pour faire un compliment (veste)
> *J'adore ta nouvelle veste! Elle te va super bien!*
> Pour l'accepter
> *Ah tu trouves? Elle est pas un peu trop grande pour moi?*

1. Pour faire un compliment (blouson en cuir)

_____

Pour l'accepter

_____

2. Pour faire un compliment (chaussures Nike)

_____

Pour l'accepter

_____

3. Pour faire un compliment (bagnole)

_____

Pour l'accepter

_____

Comment parler jeune

Synthèse: Version jeune

Vous êtes dans le métro à Paris et vous entendez la conversation suivante entre deux personnes âgées. Créez une «version jeune» de cette conversation sur un sujet similaire (une fête d'adieu pour un[e] ami[e]). Consultez la page 360 et utilisez autant d'éléments «jeunes» que possible.

> **Modèle:**
>
> > **Version formelle:**
> > MARIE: Après le restaurant, nous irons chez Paul, n'est-ce pas?
> > SYLVIE: Oui, Paul a acheté un joli cadeau pour Geneviève et je suis sûre qu'elle va beaucoup l'aimer. Au fait, est-ce que vous êtes déjà allée à son appartement?
> >
> > **Version jeune:**
> > AMÉLIE: *Après le resto, on va tous aller à l'appart d'Étienne, c'est ça?*
> > ARTHUR: *Ouais, Étienne a acheté un truc vachement cool pour Amélie et je suis sûr qu'elle va trouver ça génial! Au fait, t'es déjà allée à son appart?*

LOUIS: Est-ce que vous allez aller à la fête d'adieu d'Hortense samedi après-midi, Georgette?

GEORGETTE: Oui, bien sûr, je ne veux pas manquer ça! Ce qui m'ennuie, c'est que je n'ai pas de voiture et que je vais devoir prendre deux bus.

LOUIS: Oh, mais je vais venir vous chercher!

GEORGETTE: Comme vous êtes gentil, Louis! J'accepte avec plaisir!

LOUIS: Tous les autres se retrouvent directement au restaurant, n'est-ce pas?

GEORGETTE: Oui, aux Cinq Parfums, un endroit très bien au centre-ville, près du cinéma UGC. La nourriture est très bonne; je connais le serveur, un homme très amusant.

LOUIS: J'espère qu'ils ne mettent pas de musique d'ambiance, ça me gêne *(it bothers me)* toujours pour entendre les autres, et en général, ce n'est pas de la bonne musique.

GEORGETTE: Non, ne vous inquiétez pas, Louis, il n'y a pas de musique dans ce restaurant, seulement le son d'une jolie petite fontaine à l'entrée.

LOUIS: Une fontaine? Ah, c'est intéressant.

GEORGETTE: Henri m'a dit qu'après ça, nous irons tous à son appartement pour donner son cadeau d'adieu à Hortense.

LOUIS: Oui, je crois que le cadeau est une paire de jumelles *(binoculars),* pour pouvoir admirer les oiseaux sauvages pendant la croisière, et un appareil-photo pour les prendre en photo. Vous savez qu'Hortense adore les oiseaux!

GEORGETTE: C'est un beau cadeau. Tout le monde a dû donner beaucoup d'argent pour pouvoir acheter ça!

LOUIS: Oh, vous savez, Hortense a beaucoup d'amis… J'ai hâte d'aller à cette fête, moi! Je pense que nous allons passer un moment très agréable.

_____

_____

_____

_____

_____

_____

_____

⊕ Perspectives culturelles

A. Relisez le texte **La sélection et la chasse aux concours** à la page 356 de votre manuel et répondez aux questions suivantes en français.

1. Quel est l'équivalent américain du bac? Quelle est la grande différence entre cet examen et le bac?

_____

_____

_____

2. Aux États-Unis, il n'y a pas d'examen sélectif comme le bac pour entrer dans une université, mais est-ce qu'il y a un autre type de sélection?

_____

_____

_____

3. À votre avis, y a-t-il des avantages à choisir sa spécialisation à un jeune âge, comme les étudiants français le font? Expliquez.

_____

_____

_____

B. Relisez les statistiques du texte **Les jeunes—identité, valeurs et espoirs** aux pages 370–371 de votre manuel et répondez aux questions suivantes en français.

1. Est-ce qu'il y a une statistique en particulier qui vous surprend ? Pourquoi? Sinon, pensez-vous que les jeunes Français sont très semblables aux jeunes Américains? Expliquez votre réponse.

_____

_____

_____

2. À votre avis, quelle est la valeur la plus importante pour les jeunes Américains? Est-ce aussi la valeur la plus importante pour vous?

_____

_____

_____

3. Qu'est-ce qui vous inquiète le plus, vous personnellement? (Cela peut être différent des sujets dont on parle dans le manuel.) Expliquez.

_____

_____

_____

C. Voix en direct: La vie sociale au lycée. Relisez le témoignage de Céline à la page 357 de votre manuel et répondez aux questions suivantes.

1. Célia donne une description détaillée des groupes dans son lycée. Quels sont les trois groupes principaux qu'elle décrit?

_____

_____

_____

_____

2. Est-ce qu'elle croit que la pression sociale *(social pressure)* est aussi dure dans les lycées français que dans les *high schools* américains? Expliquez.

_____

_____

_____

_____

3. Comment est-ce que cette discussion de Célia montre que les jeunes Français ont accès *(have access)* à la culture populaire américaine?

_____

_____

_____

_____

La santé et le bonheur

✳ **Module 13**

 Pour plus d'activités auto-corrigées et culturelles, rendez-vous au site Web **www.thomsonedu.com/french/motifs.**

Les parties du corps

A. Un médecin à l'école. Jean Romain est docteur et professeur de médecine à la faculté de Montpellier. Parfois, il visite des écoles primaires locales pour donner de petites leçons d'anatomie aux élèves. Aidez les élèves à identifier les différentes parties du corps.

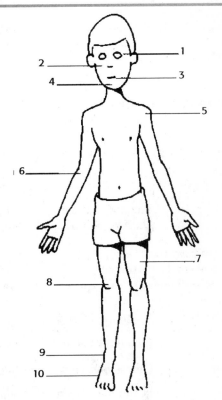

1. _____

2. _____

3. _____

4. _____

5. _____

6. _____

7. _____

8. _____

9. _____

10. _____

Les maladies et les remèdes

B. À la faculté de Montpellier. Dans un de ses cours à l'université, Jean enseigne à ses étudiants à donner des conseils généraux. Jouez le rôle d'un(e) des étudiant(e)s en écrivant un conseil pour chaque exemple de problème médical. Suivez le modèle.

Modèle: JEAN: Madame Lenez s'est enrhumée en se promenant sous la pluie.
VOUS: *Je lui conseille de ne pas sortir de la maison pendant deux jours, de prendre de l'aspirine et de beaucoup boire.*

prendre des antibiotiques, des vitamines et de l'aspirine   **se reposer**
aller chez le médecin (chez le dentiste)   **beaucoup boire**
utiliser un pansement (des béquilles)   **bien se laver**

JEAN: Monsieur Sagesse a une dent *(tooth)* qui lui fait mal.

VOUS: _____ (1)

JEAN: Madame Glotte a une infection à la gorge.

VOUS: _____ (2)

JEAN: Mademoiselle Entorse s'est foulé la cheville.

VOUS: _____ (3)

JEAN: Monsieur Alitté a la grippe.

VOUS: _____ (4)

JEAN: Madame Poucet s'est coupé le doigt en faisant du jardinage.

VOUS: _____ (5)

❈ **Voir Structure 13.1** Talking about health and feelings *Expressions idiomatiques avec* **avoir**
               (récapitulation)

C. La visite d'un hypocondriaque. Aujourd'hui, Jean a la visite de M. Argan, un patient qui se plaint de tous les maux *(complains about every ailment)* et demande conseil pour tout. Complétez la conversation entre Mr. Argan et Jean en utilisant les expressions de la liste. Suivez le modèle.

> **Modèle:** M. ARGAN: Docteur, je voudrais prendre de l'aspirine.
> JEAN: Pourquoi, M. Argan , est-ce que vous *avez mal à la tête?*

avoir raison	ne pas avoir sommeil	avoir mauvaise mine
avoir mal à l'estomac	avoir mal à la tête	avoir peur
avoir du mal à se concentrer	avoir de la chance	

M. ARGAN: Docteur, parfois le soir, je _____ (1) alors je voudrais

prendre des somnifères *(sleeping pills).*

JEAN: Oui, si vous voulez, mais il ne faut pas trop en prendre. Ces médicaments sont très forts, et

quand mes patients en prennent trop, ils _____ (2) au

travail.

M. ARGAN: Ah, alors je devrais *(should)* peut-être prendre des vitamines? Ma femme dit que

j'_____ (3) et que je devrais prendre des vitamines,

mais je ne suis pas sûr… Est-ce que vous pensez qu'elle

_____ (4), docteur?

JEAN: Eh bien, ce n'est pas une mauvaise idée.

M. ARGAN: Docteur, j'ai une autre question. Parfois, j'_____ (5) au

côté droit, j'_____ (6) que ce soit l'appendicite. Est-ce

que vous pouvez m'ausculter *(examine)?*

JEAN: *(après son auscultation)* Vous n'avez pas l'appendicite, M. Argan.

M. ARGAN: Ouf, j'_____ (7)!

Comment parler au médecin

❋ **Voir Structure 13.2 Saying when and how long** *L'emploi de depuis*

D. Tatie Jeanne. La tante de Jean est en très bonne santé pour son âge. Elle a 66 ans, mais elle est très active et sportive. C'est pourquoi ses symptômes récents de rhume surprennent Jean! Elle vient dans son cabinet pour lui demander conseil et il essaie de l'aider. Complétez leur conversation en utilisant **depuis, depuis que, depuis quand** et **depuis combien de temps.**

JEAN: _____ (1) as-tu les oreilles bouchées?

TATIE JEANNE: Je n'entends pas bien _____ (2) notre descente de la station de ski il y a deux jours.

JEAN: As-tu toujours de l'appétit?

TATIE JEANNE: Non. _____ (3) j'ai mangé des escargots au restaurant hier soir, je n'ai plus envie de manger.

JEAN: Et _____ (4) est-ce que tu as du mal à avaler?

TATIE JEANNE: J'ai mal à la gorge _____ (5) deux jours.

JEAN: Et _____ (6) as-tu le nez qui coule?

TATIE JEANNE: Ah, il coule _____ (7) j'ai fait de la luge *(sledding)* avec mes petits-enfants.

JEAN: Mais _____ (8) fais-tu de la luge, Tatie?

TATIE JEANNE: _____ (9) mes petits-enfants ont commencé à en faire! Ils m'ont invitée et je ne pouvais pas les décevoir *(to disappoint)*!

JEAN: Tatie, ton problème est que tu es trop gentille! Je te défends de refaire de la luge, c'est compris?

TATIE JEANNE: Oui, mon garçon. Mais ne voulais-tu pas aller au ski le week-end prochain?

JEAN: Tatie!

E. Questions personnelles. Répondez aux questions suivantes.

1. Quelle est votre idée personnelle du bonheur? Est-ce l'argent? une belle carrière? des enfants? des voyages? Est-ce qu'une définition personnelle du bonheur change au long d'une vie ou est-ce que c'est une chose permanente?

_____

_____

2. Qu'est-ce que vous faites pour être en forme? Est-ce que vous faites du sport? Est-ce que vous surveillez *(watch)* votre alimentation?

_____

_____

3. De quoi avez-vous peur dans la vie en général? De quelle maladie avez-vous le plus peur?

_____

_____

Pour se sentir bien dans sa peau

❋ **Voir Structure 13.3 Making descriptions more vivid** *Les adverbes*

F. Conseils à un jeune médecin. À l'hôpital, Jean parle avec Patrick, un jeune médecin qui vient de recevoir son diplôme. Patrick a besoin des conseils d'un médecin expérimenté *(experienced)* comme Jean. Complétez la conversation avec les adverbes correspondant aux adjectifs donnés entre parenthèses.

PATRICK: Je suis crevé *(exhausted)*. Je travaille depuis 20 heures. J'ai quatre patients qui sont

_____ (1. grave) malades, deux _____ (2. heureux)

qui répondent bien à leurs traitements, et deux autres qui m'attendent _____

(3. patient) dans mon cabinet. Je pourrais _____ (4. facile) continuer à

travailler encore 10 heures de plus, mais je n'en peux plus. Et il y a _____

(5. constant) de nouveaux patients qui arrivent...

JEAN: Ce que tu dis, c'est tout à fait vrai. _____ (6. Franc) c'est la réalité

dans tous les hôpitaux. Mais tu ne dois pas t'épuiser *(to wear yourself out)*.

_____ (7. Naturel) il y a beaucoup de travail ici, mais il faut

_____ (8. absolu) que tu te reposes et que tu passes _____

(9. régulier) du temps avec ta famille. Moi et les autres médecins, nous t'aiderons à t'occuper

de *(take care of)* tes patients. Finis avec tes deux patients et rentre chez toi. Tu te sentiras mieux

après avoir dormi un peu.

Comment donner des conseils

❋ **Voir Structure 13.4 Giving advice** *Le subjonctif (introduction)*

G. Au secours! *(Help!)* Jean doit donner un cours aux standardistes *(operators)* qui reçoivent les appels d'urgence de la ville. Il leur donne un scénario d'urgence dans lequel la mère de deux enfants a été blessée. Imaginez les conseils que les étudiants proposent de donner à la petite fille qui téléphone. Utilisez la forme correcte du verbe au subjonctif.

FILLE: Allô? J'ai peur! J'ai peur!

STANDARDISTE: Il ne faut pas que tu _____ (1. avoir) peur.

FILLE: Ma maman ne bouge plus *(isn't moving)*!

STANDARDISTE: Où est-elle? Il faut que tu me _____ (2. dire) où elle se trouve.

FILLE: Elle est par terre *(on the floor)*, à côté de mon petit frère!

STANDARDISTE: Est-ce qu'elle a perdu connaissance? Il faut que ton petit frère lui _____

(3. parler).

FILLE: Elle ne répond pas. Elle a les yeux fermés!

STANDARDISTE: Est-ce qu'elle saigne *(is bleeding)* quelque part? Il faut que tu _____

(4. regarder).

FILLE: Oui, elle saigne un peu à la tête!

STANDARDISTE: Bon. Les secouristes *(paramedics)* vont bientôt arriver. Il est important qu'ils

_____ (5. pouvoir) entrer immédiatement. Je veux que tu

_____ (6. aller) ouvrir la porte.

FILLE: Quelqu'un arrive!

STANDARDISTE: Ce sont les secouristes? Il faut que toi et ton petit frère, vous les _____

(7. laisser) entrer.

H. Les recommandations du médecin. En fonction de *(Depending on)* ses patients, Jean a appris à être direct ou à être subtil dans ses recommandations. Aidez Jean à donner des conseils à un patient sensible *(sensitive)* qui présente des risques de diabète. Dans vos phrases, vous devez éviter le subjonctif.

Modèle: Direct: J'insiste pour que vous ne fumiez pas.
Moins direct: Il est essentiel *de ne pas fumer.*

1. Direct: Il faut que vous sortiez de la maison pour vous promener tous les jours.

   Moins direct: Dans votre cas, il est important _____.

2. Direct: Je veux que vous buviez huit verres d'eau par jour.

   Moins direct: Dans votre condition, je vous recommande _____.

3. Direct: Il est essentiel que vous ne mangiez pas trop de matières grasses.

   Moins direct: Pour faire baisser *(lower)* votre taux *(level)* de cholestérol, vous devez _____

   _____.

4. Direct: Il ne faut plus que vous buviez d'alcool.

   Moins direct: Je vous demanderai _____.

I. Il faut être plus ferme! David, un jeune garçon de 11 ans, est dans le cabinet de Jean pour la troisième fois pour un bras cassé. Jean décide d'être plus ferme avec le jeune garçon. Modifiez ses recommandations comme dans le modèle. Dans deux ou trois réponses, utilisez les adverbes qui correspondent aux adjectifs donnés.

Adjectifs: absolu, vrai, évident, franc, sérieux, régulier

Modèle: Tu n'es pas assez prudent.
Il faut absolument que tu sois plus prudent.
OU *Sois plus prudent!*

1. Tu n'arrêtes pas de bouger *(move)* ton bras, il n'a pas le temps de guérir *(heal)*.

   _____

   _____

2. Tu dois être patient et attendre quelques semaines avant de reprendre tes activités normales.

_____

_____

3. Tu continues à faire du vélo. Tu ne crois pas que c'est un peu dangereux avec ton bras?

Il ne faut pas _____

_____

4. J'espère que tu ne te bats pas avec les méchants garçons de la classe de quatrième *(8th grade)*?

Il ne faut pas _____

_____

5. Ta maman m'a dit que tu ne fais pas attention en classe et que tes notes ne sont pas très bonnes.

_____

_____

Synthèse: Mon bonheur personnel

De quoi avez-vous besoin pour être heureux (heureuse)? Pour commencer votre composition, notez trois choses importantes à votre bonheur. Ensuite, écrivez 2–3 phrases pour décrire chaque élément de votre formule du bonheur. Enfin, inventez une devise *(motto)* personnelle en utilisant trois verbes. Suivez le modèle.

Vocabulaire utile: avoir besoin de surtout
il faut + *infinitif* il vaut mieux + *infinitif*
il est nécessaire de (que) il est important de (que)
il est essentiel de (que)

Modèle: *Pour être heureux (heureuse), j'ai besoin d'un travail intéressant, de bons amis et de temps libre. D'abord, il faut que j'aie un travail intéressant. Il est essentiel que mon travail présente constamment des défis (challenges). C'est plus important qu'un gros salaire pour moi. Ensuite, il est nécessaire que j'aie de bons amis et que je sois un(e) bon(ne) ami(e). À mon avis, il est important de prendre le temps de parler avec ses amis tous les jours. Et finalement, il est important que j'aie du temps libre pour faire ce que je veux. Pour me sentir bien dans ma peau, il est essentiel que je fasse du sport tous les jours. J'ai aussi besoin de partir en vacances de temps en temps. J'adore passer mes vacances à la plage et au ski avec de bons amis. Ma philosophie? Apprendre, communiquer et explorer.*

_____

_____

_____

_____

_____

_____

_____

_____

🌐 Perspectives culturelles

A. Relisez **Comment les Français se soignent** à la page 395 de votre manuel et répondez aux questions suivantes.

1. Les Français sont les Européens qui prennent le plus de médicaments.

    a. vrai

    b. faux. Réponse correcte: _____

2. Les trois spécialistes de la santé que les Français consultent le plus souvent sont…

    a. le médecin, l'homéopathe et le psychologue.

    b. le médecin, le cancérologue et le psychiatre.

    c. le médecin, le pharmacien et le psychiatre.

3. Les médicaments les plus utilisés par les Français sont les tranquillisants et les somnifères.

    a. vrai

    b. faux. Réponse correcte: _____

4. Pour bien digérer, les Français…

    a. prennent les eaux dans des bains thermaux.

    b. boivent de l'eau minérale et des infusions de camomille.

    c. prennent des médicaments homéopathiques et des infusions de tilleul.

B. Relisez **Être heureux dans la vie** à la page 399 de votre manuel et complétez correctement les phrases suivantes.

1. Pour les aider à trouver une harmonie dans la vie, les Français…

    a. vont à la librairie.

    b. consultent des livres sur le Feng Shui ou le New Age.

    c. utilisent des recettes de cuisine.

2. Selon les Français, pour être heureux, il faut…

    a. lire des livres sur la philosophie.

    b. découvrir de nouvelles recettes tendance et bien manger.

    c. passer du temps avec sa famille et être en bonne santé.

3. Selon un sondage, _____ des Français sont heureux.

    a. 20,04%

    b. 94%

    c. 49%

C. Voix en direct: Pour vous, c'est quoi le bonheur? Relisez les témoignages de Gwenaëlle, Delphin et Laurence à la page 399 et répondez aux questions suivantes.

1. Selon Gwenaëlle, qu'est-ce qui contribue à son bonheur? Est-ce que c'est pareil *(the same)* pour vous? Faites votre liste des choses qui vous apportent du bonheur.

_____

_____

_____

_____

2. Votre philosophie du bonheur ressemble le plus à celle de Gwenaëlle ou de Delphin? Expliquez.

_____

_____

_____

_____

3. Quel lien est-ce que Laurence fait entre la nourriture et la forme? Pour vous, est-ce que c'est important de bien manger pour être en forme et être heureux (heureuse)? Expliquez.

_____

_____

_____

_____

La vie sentimentale

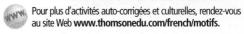
Pour plus d'activités auto-corrigées et culturelles, rendez-vous au site Web www.thomsonedu.com/french/motifs.

L'amour

❖ **Voir Structure 14.1 Talking about relationships** *Les verbes pronominaux (suite)*

A. Un vrai conte de fée. *Cendrillon (Cinderella)* est l'une des histoires d'amour les plus connues. Racontez cette histoire au présent en choisissant les verbes de la liste.

s'en aller	s'entendre	se parler
s'amuser	se fâcher	se regarder
se décider	se marier	se rendre compte
s'ennuyer	s'occuper	se retrouver

Après la mort de sa femme, le père de Cendrillon _____ (1) à se remarier.

Mais sa nouvelle femme _____ (2) toujours contre Cendrillon et ses deux filles ne

_____ (3) pas avec elle. Elles _____ (4) pendant que Cendrillon

travaille. Au palais, le roi organise un bal et invite toutes les jeunes filles du royaume. Cendrillon y va, mais

elle doit revenir à minuit. Au bal, le jeune prince et Cendrillon _____ (5): c'est le coup

de foudre. Le prince l'invite à danser mais ils n'ont pas le temps de _____ (6). À minuit,

Cendrillon _____ (7) qu'il faut partir et elle _____ (8) en courant.

Dans l'escalier elle perd une pantoufle que le prince retrouve. Le prince cherche la jeune fille partout dans son

royaume. Finalement, ils _____ (9), _____ (10) et ils sont heureux.

B. Le début d'une histoire. Vous participez à un concours de scénaristes pour un téléfilm. Pour cela, vous devez imaginer une histoire d'amour entre un homme, Adrien, et une femme, Delphine. Écrivez les idées générales de votre histoire en répondant aux questions suivantes avec des phrases complètes.

1. Où et comment est-ce qu'Adrien et Delphine se sont rencontrés?

_____

_____

_____

2. Quelles étaient leurs émotions à ce moment-là?

_____

_____

_____

3. Quand est-ce qu'ils se sont rendu compte qu'ils étaient amoureux l'un de l'autre?

_____

_____

_____

4. Qu'est-ce qui s'est passé après?

_____

_____

_____

5. Est-ce qu'ils ont rompu? Pourquoi? Est-ce qu'ils se sont disputés?

_____

_____

_____

Valeurs et espoirs

C. Questions personnelles. Répondez aux questions suivantes avec des phrases complètes.

1. Avez-vous les mêmes valeurs que vos parents? Expliquez.

_____

_____

_____

2. Pensez-vous que la réussite matérielle soit plus importante de nos jours qu'autrefois? Pourquoi ou pourquoi pas?

_____

_____

_____

3. Quelles qualités cherchez-vous chez un(e) partenaire pour l'avenir?

_____

_____

_____

4. Est-ce que l'union libre ou le mariage à l'essai est une bonne idée pour les jeunes couples? Pourquoi ou pourquoi pas?

_____

_____

_____

5. Comment est votre meilleur(e) ami(e)? Quelles sont les qualités que vous appréciez chez lui (elle)? Comment est-ce que vous vous êtes rencontré(e)s?

_____

_____

_____

6. De nos jours, certaines personnes se font des ami(e)s grâce à des sites Internet comme MySpace. Voudriez-vous vous faire des ami(e)s de cette façon? Pourquoi (pas)?

_____

_____

_____

7. Selon un proverbe français, «loin des yeux, loin du cœur» *(out of sight, out of mind)*. Pensez-vous qu'il soit possible d'avoir une véritable amitié avec quelqu'un qui habite très loin de vous? Pourquoi (pas)?

_____

_____

_____

D. Le bonheur. Quelles valeurs sont les ingrédients les plus importants du bonheur? Classez vos valeurs personnelles en ordre décroissant *(descending)*. Pour vos premiers et derniers choix, justifiez votre réponse.

Valeurs: la santé, la liberté personnelle, l'argent, une belle carrière, les amis, la famille, la position sociale, le pouvoir

1. _____

2. _____

3. _____

4. _____

5. _____

6. _____

7. _____

8. _____

9. J'ai choisi _____ comme première valeur parce que _____.

10. J'ai choisi _____ comme dernière valeur parce que _____.

❊ **Voir Structure 14.2 Making comparisons without repeating nouns** *Les pronoms démonstratifs: celui, celle(s), ceux*

E. Une demande difficile. Voici un passage du scénario gagnant *(winning)*. Adrien et Delphine dînent aux chandelles *(candles)* à la terrasse d'un restaurant. Adrien choisit ce moment pour demander la main de Delphine en mariage *(propose to her)*! Complétez leur dialogue avec les pronoms démonstratifs **celui, celle(s)** ou **ceux.**

ADRIEN: Delphine, j'ai quelque chose à te dire…

DELPHINE: Oui, mon chéri, je t'écoute.

ADRIEN: Eh bien, euh... On se connaît depuis 2 ans maintenant, et je sais avec certitude *(certainty)* que

tu es _____ (1) que mon cœur a toujours cherchée.

DELPHINE: Et toi, mon chéri, tu es _____ (2) qui m'apporte le plus de bonheur.

ADRIEN: Delphine, veux-tu être _____ (3) qui partagera mes bonheurs et mes malheurs pour la vie?

DELPHINE: … ?

ADRIEN: Veux-tu être ma femme?

DELPHINE: … Comment? Mais, euh… Où est la caméra? C'est *Surprise-surprise (Candid Camera)*??

ADRIEN: Eh bien, j'avais imaginé quelques réactions de ta part, mais pas _____ (4) que tu viens d'avoir! _____ (5) que j'avais imaginées étaient beaucoup plus romantiques…

DELPHINE: Excuse-moi, mon chéri, mais c'est tellement soudain…

(Le serveur arrive avec les plats.)

LE SERVEUR: Le poulet rôti pour monsieur et le filet de saumon pour madame.

DELPHINE: Ah, j'avais commandé du saumon mais pas _____ (6) que je vois ici.

LE SERVEUR: Toutes mes excuses, madame, je reviens tout de suite avec votre plat.

(Le serveur s'en va.)

ADRIEN: Je n'ai vraiment pas choisi le bon moment… As-tu réfléchi à ma demande? Ou non, ne dis rien pour l'instant *(for the moment)*. J'ai peur d'entendre des mots trop durs…

DELPHINE: N'aie pas peur, mon chéri, les mots que je vais te dire sont _____ (7) que tu veux entendre: c'est oui, j'accepte!

❈ Voir Structure 14.3 **Expressing hypotheses** *Le conditionnel*

F. La baguette *(wand)* magique. En utilisant le conditionnel, dites ce que vous feriez si vous pouviez réaliser tous vos désirs.

1. Quelle personne célèbre aimeriez-vous connaître?

_____

_____

2. Quel talent aimeriez-vous avoir? (Qu'est-ce que vous sauriez faire?)

_____

_____

3. Où est-ce que vous habiteriez?

_____

_____

4. À qui ressembleriez-vous physiquement?

_____

_____

5. Que feriez-vous comme travail?

_____

_____

Comment dire qu'on est d'accord ou qu'on n'est pas d'accord

G. Visions de la vie. Dans le scénario gagnant, Adrien et Delphine prennent un appartement ensemble. Ils parlent de leur avenir et expriment leur opinion sur certains sujets importants de la vie. Utilisez les expressions des deux listes suivantes et imaginez leur opinion. Parfois ils sont d'accord, parfois ils ne sont pas d'accord.

Expressions positives: ah ça, oui; c'est vrai ça; absolument; tout à fait; je suis tout à fait d'accord; c'est bien possible; ça se peut

Expressions négatives: je ne suis pas d'accord; mais ce n'est pas vrai; absolument pas; tu as tort

Modèle: **ADRIEN:** *Je pense qu'une femme doit rester à la maison pour élever ses enfants. Les enfants d'aujourd'hui sont mal élevés et ont toutes sortes de problèmes parce que leur mère travaille et ne s'occupe pas assez d'eux.*

DELPHINE: *Je ne suis pas d'accord! Une femme peut à la fois être une bonne mère et travailler. Souvent, le mari n'aide pas assez à la maison. Si les enfants ont des problèmes, c'est parce que le père n'est pas assez présent!*

1. DELPHINE: Hier au supermarché, j'ai vu une femme donner une claque *(slap)* à son enfant de 5 ans. Ça m'a choquée! Je suis contre le châtiment corporel. Et je ne frapperai *(hit)* jamais nos enfants.

ADRIEN: _____

_____ .

2. ADRIEN: Il y a des états qui sont pour la légalisation du mariage entre homosexuels et d'autres qui sont contre. Moi personnellement, je suis contre: le mariage est seulement entre un homme et une femme.

DELPHINE: _____

_____ .

3. DELPHINE: Je trouve ça triste de mettre ses parents dans une maison de retraite. Moi, quand mes parents seront trop vieux pour être autonomes, je voudrais qu'ils viennent vivre avec nous dans notre maison.

ADRIEN: _____

_____ .

Comment exprimer ses sentiments

❊ **Voir Structure 14.4** **Expressing emotions** *Le subjonctif (suite)*

H. Une discussion entre filles. Voici un autre passage du scénario gagnant. Delphine parle de ses peurs et de ses doutes avec sa meilleure amie, Aurore: elle n'est plus sûre de vouloir faire sa vie avec Adrien. Complétez leur conversation avec le présent du subjonctif ou le présent de l'indicatif.

AURORE: Ça n'a pas l'air d'aller…

DELPHINE: Eh bien, j'ai des doutes, et parfois je ne sais plus si Adrien _____ (1. être)

vraiment l'homme de ma vie…

AURORE: Pourquoi est-ce que tu dis ça? Qu'est-ce qui s'est passé?

DELPHINE: Eh bien, il a des propos *(comments)* qui me choquent un peu. J'ai peur qu'il

_____ (2. avoir) des idées trop conservatrices pour moi.

AURORE: Il est évident que toi et lui _____ (3. venir) de milieux différents et que

par conséquent, vous _____ (4. ne pas partager) exactement les mêmes

valeurs. Mais je ne pense pas que cela _____ (5. être) un facteur

déterminant dans une relation. Quand deux personnes s'aiment profondément, elles

_____ (6. savoir) toujours surmonter les obstacles.

DELPHINE: Oui, mais c'est le problème, parfois je ne sais vraiment plus!

AURORE: Je suis un peu surprise que tu _____ (7. dire) cela… Tu es fatiguée

en ce moment et je ne crois pas que tu _____ (8. devoir) prendre de

décision maintenant. Attends un peu, réfléchis et il est possible que tu

_____ (9. voir) les choses différemment dans une semaine ou deux.

DELPHINE: Tu as sûrement raison… Je suis si heureuse que nous _____ (10. pouvoir)

nous parler ouvertement comme ça. Merci de tes conseils, Aurore.

AURORE: Je t'en prie. Il est tard, mais je crois que le resto du coin _____ (11. être)

encore ouvert, alors je t'invite!

DELPHINE: Avec plaisir!

Synthèse: Le courrier du cœur

Delphine a attendu quelques semaines après sa discussion avec son amie Aurore, mais elle a toujours des doutes concernant sa relation avec Adrien. Elle se sent seule et incomprise, alors elle demande des conseils au courrier du cœur. Lisez sa lettre et répondez-y. Choisissez parmi les expressions suivantes: **il est évident, il est excellent, il n'est pas juste, je ne crois pas, il faut que, il vaut mieux.**

Avant de rencontrer mon fiancé, je voyageais beaucoup pour mon boulot (je travaille pour un guide de voyages). Un an au Canada, six mois à la Martinique… Dans ces conditions, il est difficile de rester longtemps avec le même homme. Mais l'année dernière, j'ai enfin rencontré quelqu'un pour qui j'ai accepté d'arrêter mes voyages et de modifier ma carrière: je travaille toujours pour la même compagnie mais maintenant, je reste dans les bureaux. Ma vie a beaucoup changé depuis, et je ne sais pas si j'aime ce changement. J'ai parfois besoin d'être seule, de partir à l'aventure, mais mon fiancé ne le comprend pas. Il est assez possessif et exclusif, et il est plutôt sédentaire. Et puis, il a des idées un peu trop conservatrices pour moi. Je l'aime, et lui aussi m'aime, mais je ne sais pas si nous sommes faits l'un pour l'autre. Je ne sais pas quoi faire… Pouvez-vous m'aider?

Delphine

Chère Delphine,

Il est évident que votre fiancé et vous avez des personnalités différentes…

_____

_____

_____

_____

_____

_____

_____

_____

_____

_____

_____

_____

_____

_____

_____

🌐 Perspectives culturelles

A. Relisez **Le couple en transition** à la page 424 de votre manuel et faites correspondre les éléments de gauche avec les éléments de droite.

_____ **1.** 90% des couples français le font

_____ **2.** plus de 50% des couples français le font

_____ **3.** une union autre que le mariage reconnue par la loi française

_____ **4.** un droit et un devoir des personnes unies par le PACS

_____ **5.** une tradition qui dure

_____ **6.** des valeurs affectives retrouvées

a. la tendresse, la séduction et la fidélité

b. commencer une vie ensemble sans être mariés

c. le prince et la bergère

d. le PACS

e. avoir un enfant hors mariage

f. les personnes de la même classe sociale se marient

g. l'assurance le (la) partenaire et l'obligation de l'aide mutuelle envers le (la) partenaire en cas de maladie ou de chômage

B. Relisez **Perspectives sur l'amitié** à la page 431 et répondez aux questions suivantes.

1. Quel aspect de la culture française traditionnelle favorise les longues amitiés d'enfance? Avez-vous gardé vos ami(e)s d'enfance? Expliquez pourquoi cela a été possible ou non.

_____

_____

_____

_____

2. Quand vous rencontrez quelqu'un pour la première fois, vous sentez-vous plus «français(e)», c'est-à-dire distant(e) et observateur (observatrice), ou «américain(e)», c'est-à-dire très spontané(e) et ouvert(e)? Expliquez.

_____

_____

_____

_____

C. Voix en direct: C'est quoi pour vous l'amitié? Relisez les témoignages à la page 432 de votre manuel et répondez aux questions suivantes.

1. Faites correspondre chaque personne à gauche avec sa définition de l'amitié à droite.

1. _____ Gwenaëlle

2. _____ Olivia

3. _____ Bienvenu

a. L'ingrédient fondamental est d'avoir quelque chose en commun.

b. L'amitié signifie pouvoir compter sur quelqu'un et ne pas juger ou être jugé(e).

c. L'amitié est possible si l'on est sincère et ouvert.

2. Olivia a combien d'amis et combien de bons amis? Et vous?

_____

_____

_____

3. Bienvenu cite un proverbe français. Expliquez dans vos propres mots ce que ce proverbe veut dire.

_____

_____

_____

4. Avec laquelle des trois personnes interviewées est-ce que vous êtes le plus d'accord?

_____

_____

_____

Nom _____ Date _____ Cours _____

Fictions

 Pour plus d'activités auto-corrigées et culturelles, rendez-vous au site Web www.thomsonedu.com/french/motifs.

Testez-vous! Pour vous aider à réviser, passez l'examen final suivant basé sur le conte Barbe-bleue. Lisez le conte et ensuite répondez aux questions. Vous allez utiliser le passé, le conditionnel, le présent de narration, le comparatif, les pronoms, l'interrogatif, les expressions négatives et le subjonctif.

Barbe-bleue *(Blue Beard)*
adapté du conte de Charles Perrault

Il était une fois un homme très riche qui voulait se marier, mais les femmes avaient peur de lui à cause de sa barbe bleue. De plus, cet homme avait déjà épousé plusieurs femmes qui avaient disparu° et personne ne savait ce que ces femmes étaient devenues. Pour encourager une des jeunes filles de sa voisine° à l'épouser, il a invité la mère et ses filles dans son splendide
5 château à la campagne. Après la visite, une des jeunes filles a décidé que sa barbe n'était peut-être pas si-bleue après tout et elle a accepté de l'épouser.

 Après un mois de mariage, Barbe-bleue a dit à son épouse qu'il devait la quitter pendant quelques jours pour faire un voyage d'affaires. Avant de partir, il lui a donné les clés de la maison. «Voilà les clés des deux grandes chambres, et voilà la clé de mes coffres-forts° où se
10 trouve tout mon argent» a-t-il dit. Puis, il a ajouté «Mais, cette petite clé-ci, c'est pour mon cabinet en bas. Je vous interdis° d'y entrer! Si vous ouvrez cette porte, je me mettrai tellement° en colère que vous le regretterez!» Sa femme a promis de suivre ses ordres et il est parti.

 Le jour après le départ de son mari, la jeune épouse, poussée° par la curiosité, est descendue pour voir ce qui se trouvait dans le petit cabinet. Elle a mis la clé dans la serrure° avec une
15 main tremblante. D'abord, elle n'a rien vu parce que les fenêtres étaient fermées. Mais après quelques moments, elle a vu que le plancher° était couvert de sang°. Puis elle a vu les corps des femmes au mur. (C'étaient toutes les femmes que Barbe-bleue avait épousées.) Terrifiée, elle a laissé tomber la clé. Quand elle l'a ramassée°, elle a vu que la clé était couverte de sang. Elle a essayé de la laver mais elle n'a pas réussi à enlever° le sang, car c'était une clé magique.
20 Barbe-bleue est revenu à la maison ce soir-là et il a demandé ses clés. Regardant la petite clé, il a demandé: «Pourquoi y a-t-il du sang sur cette clé?» «Je ne sais pas» a répondu sa pauvre femme. «Vous êtes entrée dans mon cabinet! Vous devez mourir comme les autres!» a crié Barbe-bleue.

 La jeune femme s'est jetée° à ses genoux et a dit: «Donnez-moi un peu de temps pour
25 prier Dieu°.» L'homme lui a donné un quart d'heure et elle a appelé sa sœur: «Anne, monte sur la Tour pour voir si mes frères arrivent.» Finalement, Anne a vu les frères arriver à cheval°. «C'est l'heure de mourir!» a crié Barbe-bleue faisant trembler toute la maison. Il a pris sa femme par les cheveux pour lui couper la tête. À ce moment-là, quelqu'un a tapé° très fort à la porte. Quand Barbe-bleue est allé l'ouvrir, il a vu les deux cavaliers, épée° à la main. Les
30 frères ont alors percé° son corps avec leur épée et Barbe-bleue est mort.

 La jeune femme a hérité° de tous les biens° de son mari. Elle a donné une partie de ses richesses à sa sœur et à ses frères. Enfin, elle a pu oublier les mauvais moments passés avec Barbe-bleue.

disappeared

neighbor

safes

forbid; so

pushed
lock

floor; blood

picked up
to remove

threw herself
say a prayer

on horseback
banged
sword
pierced
inherited; estate

A. Avez-vous compris? Répondez aux questions suivantes.

1. Pourquoi est-ce qu'il était difficile pour Barbe-bleue de trouver la femme de ses rêves?

_____

_____

2. Pourquoi la jeune fille a-t-elle décidé de se marier avec Barbe-bleue après sa première visite au château?

_____

_____

3. Qu'est-ce qu'il y a dans le cabinet?

_____

_____

4. Qui sauve la jeune femme?

_____

_____

5. Est-ce que vous connaissez d'autres histoires où la curiosité d'une femme est une source de malheur *(unhappiness)*?

_____

_____

❈ Voir Structure à réviser: Le passé

B. À vous de raconter! Racontez l'histoire de *Barbe-bleue* en terminant les phrases. Utilisez le passé composé et l'imparfait.

1. Il était une fois un homme riche qui par malheur *(unfortunately)* (avoir) _____

_____ .

2. Les femmes refusaient de l'épouser car elles (avoir) _____

_____ .

3. Une de ses voisines avait deux jolies filles. Il (les inviter) _____

_____ .

4. Au château, les filles et leur mère (voir) _____

_____ .

5. Après la visite, la cadette *(younger sister)* (se décider à) _____

_____ .

6. Au bout d'un mois, Barbe-bleue (partir) _____

_____ .

7. Il (donner) _____ .

8. Mais il (lui ordonner) _____ de ne pas ouvrir la porte de son cabinet.

9. La jeune femme (lui promettre) _____ d'observer ses instructions mais elle (être)

_____ .

10. Quand elle (ouvrir) _____ la porte, après un moment, elle (voir) _____

_____ et elle (faire tomber) _____ .

11. Quand Barbe-bleue (revenir) _____, il (essayer) _____ de tuer sa nouvelle

femme, mais ses frères (arriver) _____. Ils (tuer) _____

Barbe-bleue et ils (sauver) _____ leur sœur.

C. Le journal intime de Barbe-bleue. Dans son journal intime, Barbe-bleue raconte l'histoire de son point de vue. Complétez ce qu'il écrit sur sa dernière femme. Utilisez les verbes et expressions de la liste et conjuguez-les au passé composé ou à l'imparfait.

accepter	aimer	avoir	devoir	donner
entrer	être	inviter	se mettre en colère	mourir
pouvoir	savoir	voir	vouloir	

Modèle: Pour mieux connaître ma dernière femme, je l'*ai invitée* avec sa mère et ses sœurs dans mon château de campagne.

1. Au début, elle _____ peur de moi à cause de ma barbe.

2. Mais après quelques temps, elle _____ de m'épouser.

3. Je ne savais pas si elle m'_____ ou pas.

4. Mais moi, je la traitais bien; je lui _____ tout ce qu'elle _____.

5. La seule chose qu'elle ne _____ pas faire, c'était d'entrer dans mon cabinet.

6. Une fois, j(e) _____ partir en voyage d'affaires. Quelle traîtresse! Elle _____ dans mon cabinet.

7. Comme toutes mes autres femmes, elle _____ trop curieuse!

8. À mon retour, quand j(e) _____ le sang sur la petite clé, j(e) _____.

9. Mes autres femmes _____ à cause de leur curiosité et elle aussi doit mourir!

❋ Voir Structure à réviser: Le conditionnel

D. Une union conditionnelle. La mère et ses filles viennent de rendre visite à Barbe-bleue dans son château. La future épouse se demande si elle pourrait vivre avec Barbe-bleue et demande conseil à sa mère et à ses sœurs. Complétez leurs conseils de façon logique avec le conditionnel.

Modèle: Si l'homme n'avait pas une barbe bleue, *il serait plus séduisant.*

1. Si tu apprenais à le connaître, peut-être que tu _____

_____.

2. Si on lui coupait la barbe, il _____

_____.

3. Ma fille, si tu épousais cet homme, tes sœurs et moi, nous _____

_____.

4. S'il était violent avec toi, tes frères _____

_____.

5. Moi, si je savais ce qui est arrivé aux autres femmes, je _____

_____.

6. Si vous, mes sœurs, pouviez habiter au château avec moi, j(e) _____

_____.

❈ Voir Structure à réviser: Le comparatif

E. Comparaisons. Utilisez l'adjectif donné entre parenthèses pour comparer les choses et les personnes suivantes.

> **Modèle:** Barbe-bleue, le géant dans *Jacques et le haricot magique* (terrifiant)
> *Barbe-bleue est aussi terrifiant que le géant dans* Jacques et le haricot magique.

1. le château de Barbe-bleue, la maison familiale de la jeune femme (grand)

_____

2. la famille de la jeune femme, Barbe-bleue (argent)

_____

3. sa nouvelle épouse, ses anciennes femmes (curieux)

_____

4. la clé que la jeune femme a laissé tomber, les autres clés (petit)

_____

5. Barbe-bleue, les cavaliers (fort)

_____

6. la jeune femme, les autres épouses (chance)

_____

❈ Voir Structure à réviser: Les pronoms

F. Lisez de plus près. Regardez les pronoms dans les passages suivants du texte *Barbe-bleue*. Identifiez le mot auquel le pronom fait référence.

1. ligne 6: elle a accepté de <u>l</u>'épouser.

l' =   **a.** la barbe   **b.** la jeune fille   **c.** l'homme

2. ligne 7: …Barbe-bleue a dit à son épouse qu'il devait <u>la</u> quitter…

la =   **a.** Barbe-bleue   **b.** le mariage   **c.** sa femme

3. ligne 11: Je vous interdis d'<u>y</u> entrer!

y =   **a.** la petite clé   **b.** dans la maison   **c.** dans le cabinet en bas

4. ligne 26: L'homme <u>lui</u> a donné un quart d'heure…

lui =   **a.** à Dieu   **b.** à l'homme   **c.** à la femme

5. ligne 29: Quand Barbe-bleue est allé <u>l</u>'ouvrir…

l' =   **a.** la tête   **b.** la maison   **c.** la porte

G. Un résumé du conte. Encerclez le pronom approprié pour compléter le résumé.

Barbe-bleue s'est marié avec plusieurs femmes et il (1. les, leur, se) a toutes tuées. Il pense que tuer ses femmes était justifié. Il (2. les, leur, se) a dit de ne pas entrer dans son cabinet privé, mais elles (3. lui, y, en) sont entrées quand même.

Sa nouvelle jeune femme a laissé tomber la clé dans le cabinet et elle n'a pas réussi à (4. la, lui, en) laver. Quand son mari est rentré à la maison, elle a dû (5. le, lui, la) rendre ses clés. Barbe-bleue a alors su que sa femme (6. l', lui, y) avait menti *(lied)*.

La jeune femme a dit à sa sœur de faire venir leurs frères au palais. Quand les frères (7. lui, le, y) sont arrivés, ils ont tué Barbe-bleue et ils ont sauvé leur sœur. La jeune femme (8. les, leur, l') a embrassés et elle (9. les, leur, en) a expliqué tout ce qui s'était passé. Pour remercier ses frères, elle (10. les, leur, lui) a donné une partie de sa fortune et ils (11. y, en, le) ont été très reconnaissants *(grateful)*.

❈ Voir Structure à réviser: L'interrogatif

H. Une conversation entre deux sœurs. Imaginez la conversation entre la jeune femme et sa sœur. Lisez les réponses suivantes et écrivez les questions que la sœur a probablement posées.

JEUNE FEMME: Anne, viens vite! Il faut absolument que je te parle. Barbe-bleue va me tuer!

ANNE: _____ (1)

JEUNE FEMME: Parce que j'ai ouvert la porte du cabinet qu'il m'avait interdit d'ouvrir.

ANNE: _____ (2)

JEUNE FEMME: J'ai trouvé les corps de ses anciennes femmes.

ANNE: _____ (3)

JEUNE FEMME: Mon mari est probablement dans sa chambre.

ANNE: _____ (4)

JEUNE FEMME: Il va sans doute arriver dans quelques minutes.

ANNE: _____ (5)

JEUNE FEMME: Seuls nos frères peuvent m'aider. J'espère qu'ils vont vite arriver.

❈ Voir Structure à réviser: Les expressions négatives

I. Jamais de la vie! Répondez aux questions suivantes avec des phrases complètes en utilisant une expression négative: **ne... plus, ne... jamais, ne... pas encore, ne... personne.**

1. Est-ce que vous connaissez quelqu'un comme Barbe-bleue?

_____

2. Lorsque la jeune fille l'épouse, est-ce qu'elle sait déjà que c'est un monstre?

_____

3. Quand elle découvre la vérité, est-ce que la jeune femme aime toujours son mari?

_____

4. Est-ce que vous croyez que la jeune femme pense souvent à son mari?

_____

✾ Voir Structure à réviser: Le subjonctif

J. Quelle subjectivité! C'est la veille du mariage. Seule dans sa chambre, la jeune fille se pose encore des questions. Complétez son monologue intérieur en choisissant entre le subjonctif et l'indicatif.

J'ai demandé conseil à ma mère et à mes sœurs et je ne suis pas sûre qu'elles _____ (1. être)

d'accord avec ma décision d'épouser Barbe-bleue. C'est vrai que cet homme _____ (2. avoir)

l'air un peu terrifiant, avec sa barbe bleue. Mais je ne pense pas que le physique *(looks)* des gens

_____ (3. devoir) être le seul critère de sélection dans l'amour. Il est peut-être très gentil…

J'apprendrai à le connaître et à l'aimer. Mais je me demande où sont passées ses anciennes épouses. Il est

surprenant que personne ne _____ (4. savoir) ce qui leur est arrivé. Je doute que mon futur

mari me _____ (5. dire) ce qui s'est passé; il semble assez secret. Mais je sais être persuasive

et je pense qu'il _____ (6. pouvoir) s'ouvrir aux gens une fois *(once)* qu' il les connaît bien. Il

faut simplement qu'il _____ (7. apprendre) à me faire confiance. Oui, je n'ai plus de doutes

maintenant, je suis sûre que nous _____ (8. aller) bien nous entendre, Barbe-bleue et moi!

Synthèse: Un conte de fée original

Lisez le début de ce conte de fée original. Qu'est-ce qui est arrivé au protagoniste après l'accident tragique? Va-t-il pouvoir grandir *(to grow up)* et sauver le royaume *(kingdom)* de ses parents? Inventez un dénouement et ensuite, lisez votre version à la classe. La classe choisira les trois meilleurs contes.

Il était une fois un roi et une reine d'un pays où régnaient *(reigned)* le bonheur et la justice. Le comble de leur joie *(The height of their joy)* était la naissance de leur premier fils, un bébé qu'ils ont nommé Geoffroi. Quand Geoffroi a eu trois ans, une méchante sorcière a cruellement jeté un sort *(a spell)* sur leur royaume *(kingdom).* Ce sort disait que le soleil ne se lèverait plus pendant sept ans. Après trois ans d'obscurité *(darkness),* il n'y avait plus rien à manger et les gens mouraient de faim. Pour sauver leur fils, le roi et la reine l'ont courageusement envoyé dans un autre royaume, accompagné de leur cher ami, le magicien Arzac. En route pour leur destination, l'un des chevaux qui menait *(led)* leur carrosse *(carriage)* a soudainement glissé *(slid),* faisant tomber le carrosse dans un ravin. Quand le petit Geoffroi, âgé de six ans, s'est réveillé, il s'est aperçu *(he noticed)* que le magicien était mort d'une blessure à la tête. Alors…

_____

_____

_____

_____

_____

_____

_____

_____

_____

_____

_____

_____

_____

_____

_____

_____

_____

🌐 Perspectives culturelles

Relisez **Charles Perrault, père de *La mère l'Oie*** à la page 456 de votre manuel. Faites correspondre les éléments de gauche avec les éléments de droite.

_____ **1.** C'est le roi dont Charles Perrault était le ministre de la culture.

_____ **2.** C'est la formule magique qui commence tous les *Contes de La mère l'Oie*.

_____ **3.** *Les Contes de La mère l'Oie* les ont diverties.

_____ **4.** C'est la conclusion d'un conte.

_____ **5.** Dans la version de Perrault, le Petit Chaperon rouge est...

a. les dames de Versailles

b. les enfants des pays anglophones

c. Louis XIV

d. mangé par le loup.

e. Il était une fois...

f. Louis XVI

g. le dénouement

h. le déroulement

i. une ogresse qui chasse les animaux

Les camarades et la salle de classe ❀ Module 1

COMPRÉHENSION AUDITIVE

Comment se présenter et se saluer

CD1, Track 2

Exercice 1. Formel ou familier? Indicate whether the speakers are being formal or familiar by putting an X in the appropriate column. You will hear each sentence twice.

	formel	familier
1.	_____	_____
2.	_____	_____
3.	_____	_____
4.	_____	_____
5.	_____	_____
6.	_____	_____

CD1, Track 3

Exercice 2. Comment allez-vous? You will hear six short greetings. Select and give an appropriate response during the pause, then check your answers against the recording.

1. _____   **a.** Je m'appelle Serge Lambrechts.

2. _____   **b.** Salut, à demain.

3. _____   **c.** Moi, je viens de Marseille.

4. _____   **d.** Oui, ça va. Et toi?

5. _____   **e.** Très bien, merci. Et vous?

6. _____   **f.** Pas mal. Et toi?

Identification des choses

CD1, Track 4

Exercice 3. Identifiez les choses. Indicate whether the following objects are being properly identified by marking **oui** or **non** below.

1. oui   non   2. oui   non

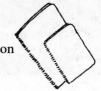

3. oui non

4. oui non

5. oui non

Identification des personnes

La description des personnes

CD1, Track 5

Exercice 4. Le festival de Cannes. You are watching the Cannes Film Festival with your French friends Carole and Laurent. You are not very familiar with French celebrities so you describe them to your friends so they can tell you who is who. Match each description with the appropriate celebrity. There is **one extra** celebrity that **cannot** be matched. You may need to play the dialogue more than once.

Description

1. _____ blonde, petite, beauté particulière

2. _____ blonde, sympa, belle, très mince

3. _____ très grand, d'un certain âge, cheveux bruns

4. _____ de taille moyenne, beau, très sexy

Célébrités

a. Julie Delpy

b. Vanessa Paradis

c. Audrey Tautou

d. Vincent Cassel

e. Jean Reno

Les vêtements et les couleurs

CD1, Track 6

Exercice 5. La Redoute. Anne and Marc want to order school clothes from the catalogue *La Redoute.* Their mother wants to know on what pages she can find the following clothing. Write down the page number where each article of clothing can be found.

1. chaussures bleues _____

2. chemisier rose _____

3. jupe _____

4. jean _____

5. pulls _____

6. lunettes de soleil _____

Comment communiquer en classe

CD1, Track 7

Exercice 6. Vous comprenez? Match what you hear with its English equivalent.

1. _____   **a.** The exercise is on page 10.

2. _____   **b.** Turn in your homework, please.

3. _____   **c.** I don't understand.

4. _____   **d.** Work with a student.

5. _____   **e.** Open the book to page 25.

6. _____   **f.** Please repeat.

7. _____   **g.** I have a question.

PRONONCIATION ET ORTHOGRAPHE

The alphabet and the rhythm of French

CD1, Track 8

A. L'alphabet et les accents. Listen to the French alphabet.

a b c d e f g h i j k l m n o p q r s t u v w x y z

Now listen and repeat.

Listen to the names of the accents used in French.

1. l'accent circonflexe /ê/   **3.** l'accent grave /à/

2. l'accent aigu /é/   **4.** la cédille /ç/

CD1, Track 9

B. Un test d'orthographe *(Spelling test)*. Now you're ready to take a French spelling test. The first four words are already written out. Write out the final four words you hear spelled.

1. Mississippi   **5.** _____

2. forêt   **6.** _____

3. justice   **7.** _____

4. très   **8.** _____

CD1, Track 10

C. Le rythme et l'accent. English words have alternating stressed and unstressed syllables. Listen to the stress patterns of the following words, and underline where you hear the primary stress.

A. 1. university

2. impossible

3. impatience

4. uncertainty

5. movement

6. anticipation

French words, on the other hand, have evenly stressed syllables of equal length. The last syllable always receives primary stress. This produces a regular, staccato pattern. Listen to the following words pronounced in English and then in French. Underline the stressed syllable in each word.

B. 1. university   université

2. impossible   impossible

3. distinction   distinction

4. uncertainty   incertitude

5. impatience   impatience

6. anticipation   anticipation

CD1, Track 11

D. Dictée. Laurent, Carole and you are now looking at *Paris Match*, a French magazine. Listen to the dialogue and fill in the blanks.

LAURENT: Qui est cette _____ (1) femme ici sur la photo?

CAROLE: Ça, je crois que c'est la femme de Will Smith. _____ (2) Jada Pinkett-Smith, non?

VOUS: Oui, elle est un peu _____ (3) alors que *(while)* Will Smith est très

_____ (4), mais c'est un très _____ (5) couple.

CAROLE: _____ (6) s'appelle cet acteur avec les cheveux _____ (7)?

LAURENT: C'est Daniel Auteuil, avec sa fille, Nelly. Elle est _____ (8), non?

La vie universitaire

❋ Module 2

COMPRÉHENSION AUDITIVE

Les distractions

Comment exprimer ses préférences

CD1, Track 12

Exercice 1. Les habitudes des étudiants. Adrien, a sociology student, is conducting an interview about students' habits for one of his classes. Listen to each interview and pick either the activity in column A or column B that describes the student interviewed.

Nouveau vocabulaire:

des fruits et des légumes	*fruits and vegetables*
un hobby, un passe-temps	*hobby*
la chorale	*chorus*
je suis pressé	*I'm in a hurry*
je n'ai pas le temps	*I don't have time*
tu cuisines	*you cook*

COLONNE A   COLONNE B

Pauline:

_____ habiter à la résidence   _____ habiter dans un appartement

_____ fumer   _____ ne pas fumer

_____ jouer au tennis   _____ jouer au volley

_____ manger végétarien   _____ manger de tout (*everything*)

_____ étudier la biologie   _____ étudier l'anglais

_____ danser   _____ chanter

Aurélien:

_____ étudier la philosophie   _____ étudier l'informatique

_____ écouter du jazz   _____ jouer du jazz

_____ faire du sport   _____ ne pas faire de sport

_____ manger au resto-U   _____ manger à la maison

CD1, Track 13

Exercice 2. Un sondage. Adrien still has to interview another student, Bruno, about his leisure activities. First stop the recording and read the true/false statements. Now listen to the interview and mark each statement **vrai** (true) or **faux** (false).

Nouveau vocabulaire:

les clips   *music videos*
la techno   *techno music*

	vrai	**faux**	
1.	_____	_____	Bruno aime aller au cinéma.
2.	_____	_____	Il aime les comédies.
3.	_____	_____	Il préfère les films d'amour.
4.	_____	_____	Il aime beaucoup la musique.
5.	_____	_____	Il aime bien écouter de la techno dans sa chambre.
6.	_____	_____	Il apprécie l'opéra.
7.	_____	_____	Il regarde la télé.
8.	_____	_____	Il n'aime pas du tout les clips.

Le campus

CD1, Track 14

Exercice 3. L'arrivée au campus. Nadia, a young French woman, has just arrived at the residence hall of an American university. She calls home and lets her mother know what the facilities are like. Listen to the conversation between Nadia and her mother and mark the appropriate response to indicate what there is on campus.

Il y a…	**oui**	**non**
1. une grande résidence	_____	_____
2. des étudiants étrangers	_____	_____
3. beaucoup de Français	_____	_____
4. une cafétéria, une salle de cinéma et une salle d'études	_____	_____
5. une piscine olympique	_____	_____
6. une salle de sport	_____	_____
7. de grandes chambres	_____	_____

CD1, Track 15

Exercice 4. Où est-ce que ça se passe? Where do the following conversations take place?

1. _____	**a.** à la bibliothèque
2. _____	**b.** au resto-U
3. _____	**c.** au musée
4. _____	**d.** à la piscine
	e. dans un parc
	f. au cinéma

Les cours

CD1, Track 16

Exercice 5. Qui a quoi? Tristan and Sophie are discussing their classes. Listen to their conversation and put T next to the classes that Tristan has and S next to the classes that Sophie has.

Nouveau vocabulaire:

avoir de la chance   *to be lucky*
heureusement   *fortunately*

_____ l'espagnol	_____ la psychologie	_____ les mathématiques
_____ la philosophie	_____ l'histoire	_____ l'informatique
_____ le français	_____ les sciences politiques	

CD1, Track 17

Exercice 6. Opinions. A couple of students are talking about their classes, professors, and the university in general. Listen to their conversation and decide whether each statement is positive or negative.

1. _____ positif   _____ négatif
2. _____ positif   _____ négatif
3. _____ positif   _____ négatif
4. _____ positif   _____ négatif
5. _____ positif   _____ négatif
6. _____ positif   _____ négatif

Le calendrier

CD1, Track 18

Exercice 7. Une fiche d'inscription. You're helping the admissions officer of a summer program fill out registration forms. As the students answer questions, fill out the **fiche d'inscription.**

Fiche d'inscription

Nom: _____ Prénom: _____

Nationalité: _____

Date de naissance: _____ *1988*

Profession: _____

Adresse: _*11, rue de*_____

Numéro de téléphone: _____

CD1, Track 19

Exercice 8. Le calendrier scolaire. Mathias and Marine are looking over their school calendar to plan their vacations. Listen to their conversation and match the important days in column A with the dates in column B.

Nouveau vocabulaire:

la rentrée   *back to school*
le début   *beginning*
un jour férié   *holiday*
un congé   *day off*

A

1. _____ la rentrée

2. _____ le premier jour férié

3. _____ le début des vacances d'hiver

4. _____ Pâques

B

a. le 16 avril

b. le vendredi 20 décembre

c. le lundi 15 septembre

d. la Toussaint—le 1er novembre

PRONONCIATION ET ORTHOGRAPHE

Intonation patterns for yes/no questions and identifying negative sentences

CD1, Track 20

A. Les questions. In informal spoken French, you can ask yes/no questions simply by using a rising intonation pattern. Listen to the following statements and questions. Notice the falling intonation pattern of the statements and the rising contours of the questions.

1. **a.** Tu es content.

   b. Tu es content?

2. **a.** Il aime ses cours.

   b. Il aime ses cours?

3. **a.** Ce cours est intéressant.

   b. Ce cours est intéressant?

4. **a.** Il n'y a pas de piscine à la résidence.

   b. Il n'y a pas de piscine à la résidence?

5. **a.** Marc préfère écouter le rap.

   b. Marc préfère écouter le rap?

6. **a.** Vous étudiez à la bibliothèque.

   b. Vous étudiez à la bibliothèque?

After hearing each statement again, use rising intonation to turn it into a question. Then compare your questions with those on the recording.

CD1, Track 21

B. Les questions avec *est-ce que*. Another way to form a question is by adding **est-ce que** in front of the statement. **Est-ce que** questions use a slightly more gradual rising intonation pattern. Listen to the following statements and questions.

1. a. Il a deux cours de biologie ce trimestre.

   b. Est-ce qu'il a deux cours de biologie ce trimestre?

2. a. C'est difficile.

   b. Est-ce que c'est difficile?

3. a. Vous aimez les documentaires.

   b. Est-ce que vous aimez les documentaires?

4. a. Tu écoutes la radio.

   b. Est-ce que tu écoutes la radio?

Listen to the following bits of conversation. Put a question mark (**?**) in the blank if you hear a question. If you hear a statement, leave it empty.

1. _____   **5.** _____

2. _____   **6.** _____

3. _____   **7.** _____

4. _____   **8.** _____

CD1, Track 22

C. La négation. Negative sentences in French are created by putting **ne** before the verb and **pas** after it. Sometimes in casual speech the **ne** is omitted, leaving **pas** to mark the negation. Listen to the following sentences and decide whether they are negative or affirmative. Then write – or + in the appropriate space.

1. _____   **5.** _____

2. _____   **6.** _____

3. _____   **7.** _____

4. _____   **8.** _____

CD1, Track 23

D. Paragraphe à trous. You will hear a passage in which Robert describes his life at the university three times. First, just listen. The second time, fill in the following paragraph with the missing words and phrases. Finally, listen and correct your answers.

Bonjour. Je m'appelle Robert. Je suis _____ (1) à l'université Laval au

_____ (2), mais je _____ (3) de nationalité

_____ (4). J'_____ (5) beaucoup la vie universitaire ici.

Il y a _____ (6) cafés, de bons restaurants et beaucoup de

_____ (7) étudiants comme moi. À la résidence on fait toujours la fête. Nous

_____ (8) de la musique et _____ (9) ensemble.

Et puis il y a les discussions politiques. Nous _____ (10) ensemble parfois jusqu'à

deux heures du matin. Moi, je n'étudie pas ici parce qu'_____ (11) trop de bruit

(noise). Je _____ (12) aller à la bibliothèque.

Chez l'étudiant

❋ Module 3

La famille

CD1, Track 24

Exercice 1. La famille de Clotilde

A. Listen to the description of Clotilde's family and say if the following statements are true (**vrai**) or false (**faux**).

	vrai	faux
1. Jean, le fils de Clotilde, a 13 ans.	❑	❑
2. Les parents de Clotilde habitent dans un appartement à Paris.	❑	❑
3. Margot et Clotilde ont un frère qui s'appelle Jérémie.	❑	❑
4. Les parents de Clotilde sont les grands-parents de Nicolas et Sarah.	❑	❑
5. Nicolas et Sarah sont les cousins de Jean et Catherine.	❑	❑

B. Now listen to Clotilde one more time and fill in the blanks with words from the following list. You do not need to spell out the numbers.

femme	**fille**	**cousine**
grands-parents	**frère**	**cousin**
mari	**oncle**	

1. Clotilde Monaud et son _____ Hervé ont deux enfants.

2. Leur _____ Catherine a 13 ans.

3. Catherine et son _____ Jean, qui a 16 ans, aiment passer le week-end chez leurs

_____ à la campagne.

4. Les deux enfants ont un _____, Nicolas, et une _____, Sarah.

5. Les enfants adorent leur _____ Jérémie. Il n'a pas de _____.

CD1, Track 25

Exercice 2. La vieille maison. M. Favel is taking a stroll in the countryside when he comes across a dilapidated house. Listen to his description, and fill in the blanks with **de, d', du, de la,** or **des.**

1. Le jardin _____ maison est vaste.

2. Le vert _____ arbres est formidable, mais les fleurs _____ jardin sont fânées *(faded)*.

3. Les rideaux _____ fenêtres sont tirés *(drawn)* et les carreaux *(panes)* _____ quelques fenêtres sont cassés *(broken)*.

4. Une femme ouvre la porte _____ entrée.

5. L'expression _____ femme est troublée.

6. C'est la femme _____ gardien _____ maison.

Les caractéristiques personnelles

CD1, Track 26

Exercice 3. Comment est votre famille? Annick is describing her family. Circle the adjectives she uses to describe each family member.

Père: sérieux sympathique strict intelligent actif bon sens de l'humour

Mère: gentille paresseuse sérieuse difficile généreuse compréhensive

Frère: sympathique désagréable bien élevé égoïste paresseux beau

CD1, Track 27

Exercice 4. Rubrique Rencontres. Michel and his friend Claire are having fun reading the personals section of their newspaper. Listen to the recording and jot down the age of the writer while noting the qualities he or she is looking for in a partner. Cross out the element in the description that does not apply.

1. femme _____ ans, cherche homme 30 à 45 ans, intellectuel, généreux, cultivé, charmant, riche

2. femme _____ ans, cherche homme intelligent, sportif, réaliste, affectueux

3. femme _____ ans, cherche homme beau, stable, qui aime nager, le cinéma et la conversation

4. homme _____ ans, cherche femme sportive, qui aime le ski, le golf, le vélo, les voyages et le bridge

5. homme _____ ans, cherche femme jolie, stable, tendre, patiente, qui aime les enfants

6. homme _____ ans, cherche femme cultivée, élégante, calme, pessimiste

CD1, Track 28

Exercice 5. Questions de famille

A. Listen to the following questions about your family and jot down your answers in note form. Replay or stop the recording when necessary.

1. _____

2. _____

3. _____

4. _____

CD1, Track 29

B. This time you will hear Julie and her new friend James talking about their families, who are very different from one another.

Nouveau vocabulaire:

avoir de la chance   *to be lucky*
c'est dommage   *that's too bad*

Is your family situation more like Julie's or like James's, or a bit of both? Complete one of the following responses.

1. Ma famille est comme la famille de James parce que _____

_____.

Mais _____

_____.

OR

2. Ma famille est comme la famille de Julie parce que _____

_____.

Mais _____

_____.

La chambre et les affaires personnelles

CD1, Track 30

Exercice 6. Les déménageurs. You overhear a client telling a representative from a moving company where to put her furniture. Look at the following drawing and cross out any objects that have not been put in the correct place.

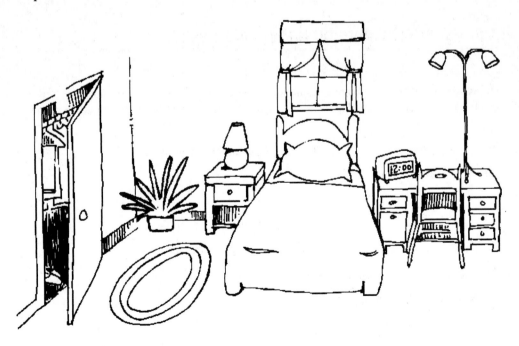

CD1, Track 31

Exercice 7. Qu'est-ce qu'il faut apporter? Michael is putting together a list of things to buy for his year abroad in France. He calls his host mother, Mme Millot, to double-check on a few items. Write down each object mentioned and mark whether he should bring it or not.

Nouveau vocabulaire:

avoir besoin   *to need*
seulement   *only*

objet	apporter	ne pas apporter
1. _____	_____	_____
2. _____	_____	_____
3. _____	_____	_____
4. _____	_____	_____
5. _____	_____	_____

Des nombres à retenir

CD1, Track 32

Exercice 8. France Télécom. Listen to M. Renaud ask Information (**France Télécom**) for the following numbers and jot them down.

1. Air France _____

2. Monoprix _____

3. Résidence Citadines _____

4. Musée d'Orsay _____

Comment louer une chambre ou un appartement

CD1, Track 33

Exercice 9. Un studio à louer. You have a studio apartment available for rent and you get a call from someone interested in it. Select and read aloud the answer that best responds to the question or statement you hear.

Modèle: Vous entendez: Bonjour, c'est bien le 04-54-46-21-11?

Vous choisissez et vous dites: _____ **a.** Oui, c'est lundi.

____X____ **b.** *Oui, c'est ça.*

_____ **c.** Non, je vais réfléchir.

1. _____ **a.** Nous avons un appartement avec deux chambres.

_____ **b.** Oui, nous avons un beau studio près de la fac.

_____ **c.** Nous avons l'air climatisé.

2. _____ **a.** Oui, il y a un beau jardin derrière.

_____ **b.** Oui, il y a un sofa, une table et des chaises, un lit et une table de nuit.

_____ **c.** Oui, il est lumineux avec de grandes fenêtres qui donnent sur le parc.

3. _____ **a.** Je regrette, mais les animaux sont interdits.

_____ **b.** Il y a des charges aussi.

_____ **c.** Je regrette, mais il est interdit de fumer.

4. _____ **a.** C'est près du centre-ville.

_____ **b.** Les charges sont comprises.

_____ **c.** 285 euros par mois, plus les charges.

5. _____ **a.** De rien. Au revoir.

_____ **b.** Très bien. Vous voulez le prendre?

_____ **c.** À bientôt.

Now listen to the entire conversation and check your answers.

PRONONCIATION ET ORTHOGRAPHE

Silent letters in **-er** verbs and feminine endings

CD1, Track 34

A. Les lettres muettes *(Silent letters)* dans les verbes en -er. One of the difficulties in learning to pronounce French is deciding which final letters to pronounce. In French, most final consonants are silent. Notice that the forms of the verb **parler** shown in the boot below all sound the same even though they are spelled differently. This is because they have silent endings: **je parlé, tu parlés, il parlé, ils parlént, elles parlént.** Only the **nous** and **vous** forms have endings that you can hear: **nous parlons, vous parlez.**

parler *(to speak)*

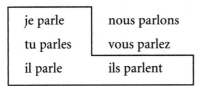

je parle	nous parlons
tu parles	vous parlez
il parle	ils parlent

Pronounce the following verbs and then check your pronunciation against what you hear on the recording.

1. j'aime

2. tu changes

3. nous arrivons

4. elle regarde

5. ils chantent

6. nous écoutons

7. vous imaginez

8. ils détestent

9. elles jouent

10. tu décides

CD1, Track 35

B. Les terminaisons féminines *(Feminine endings).* In French, the ends of words carry important gender information. Many masculine words that end in a vowel sound have a feminine equivalent that ends in a consonant sound. This is because the addition of the feminine -e causes the final consonant to be pronounced (for example, the masculine/feminine pair **sérieux/sérieuse**). Listen to the following adjectives and indicate whether they are masculine or feminine by circling **M** or **F.**

1. M   F

2. M   F

3. M   F

4. M   F

5. M   F

6. M   F

7. M   F

8. M   F

9. M   F

10. M   F

CD1, Track 36

C. Qu'est-ce que vous entendez? Listen to the following list of words and circle all written forms that correspond to what you hear.

Modèle: Vous entendez: chante

Vous entourez: **a.** chante   **b.** chantez   **c.** chantent

1. **a.** parler   **b.** parles   **c.** parlez

2. **a.** bel   **b.** belle   **c.** belles

3. **a.** doux   **b.** douce   **c.** douces

4. **a.** nerveux   **b.** nerveuse   **c.** nerveuses

5. **a.** stressé   **b.** stressée   **c.** stressés

6. **a.** écoutes   **b.** écoute   **c.** écoutent

7. **a.** étudie   **b.** étudier   **c.** étudient

8. **a.** réservé   **b.** réservée   **c.** réservés

9. **a.** française   **b.** françaises   **c.** français

10. **a.** travaille   **b.** travaillons   **c.** travaillent

Travail et loisirs

✿ Module 4

Les métiers

CD2, Track 2

Exercice 1. Qui parle? Listen as several people talk about their jobs, and circle the name of their profession. You are not expected to understand the entire passage; just listen for key words.

1. une femme d'affaires	un professeur	une infirmière	une artiste
2. un photographe	un prêtre	un professeur	un chanteur
3. un ouvrier	un journaliste	un cadre	un avocat
4. un homme politique	un pilote	un agriculteur	un vendeur
5. un commerçant	un médecin	un vendeur	un agent de police
6. une architecte	une secrétaire	une mécanicienne	un juge

Les lieux de travail

CD2, Track 3

Exercice 2. En ville. Look at the town map on page 93 of your textbook and respond **vrai** or **faux** to the statements you hear.

	vrai	**faux**			**vrai**	**faux**
1.	❑	❑		**5.**	❑	❑
2.	❑	❑		**6.**	❑	❑
3.	❑	❑		**7.**	❑	❑
4.	❑	❑				

CD2, Track 4

Exercice 3. Ma journée. The Deroc family members have busy schedules today. Listen as they describe where they plan to go and number the places listed below 1–4 in order.

1. Agnès Deroc   _____ le café

                     _____ la banque

                     _____ l'hôpital

                     _____ la poste

2. Michel Deroc   _____ la mairie

                                     _____ le restaurant

                                     _____ l'usine

                                     _____ le commissariat de police

3. Christine Deroc   _____ l'église

                                     _____ la maison

                                     _____ le lycée

                                     _____ le supermarché

Comment dire l'heure

CD2, Track 5

Exercice 4. L'heure. You will hear the time given in five sentences. Write the number of the sentence in the blank next to the clock that corresponds to the time you hear.

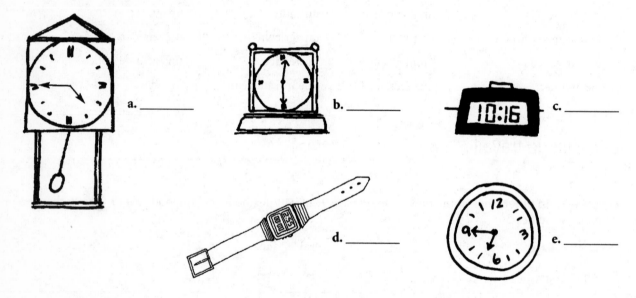

a. _____   b. _____   c. _____

d. _____   e. _____

CD2, Track 6

Exercice 5. Horaire de travail. Micheline is starting a new job tomorrow and she asks her new boss about the daily work schedule. Fill in the times below on her schedule.

Nouveau vocabulaire:

une pause	*break*
une réunion du personnel	*staff meeting*

1. _____ arrivée au bureau   **5.** _____ réunion du personnel

2. _____ ouverture du bureau   **6.** _____ fermeture du bureau

3. _____ pause (café)   **7.** _____ retour à la maison

4. _____ déjeuner

Les loisirs

CD2, Track 7

Exercice 6. Activités du samedi. What are your friends at the **résidence universitaire** doing on Saturday afternoon? Answer the questions you hear and say what each person is doing according to the pictures below. Then compare your response with the one that follows.

Modèle: Vous entendez: Martin, qu'est-ce qu'il fait?

Vous voyez:

Vous dites: *Il joue au football.*
Vous entendez: Il joue au football.

1.

2.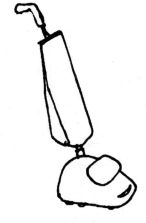

3.

4.

5.

6.

CD2, Track 8

Exercice 7. Quelle orientation? The ideal job is to be paid for doing the things one loves. You are a career counselor and are trying to match your clients' tastes and wishes to the job that best suits them. Listen to each description and write the number that corresponds to the job. (There are two professions that cannot be matched).

Nouveau vocabulaire:

malade	*sick*
un médicament	*a medicine*
comme ma poche	*like the back of my hand*

1.	**a.** un musicien
2.	**b.** une avocate
3.	**c.** un chauffeur de taxi
4.	**d.** une infirmière
5.	**e.** un vendeur
6.	**f.** un agent de police
	g. un mécanicien
	h. un professeur des écoles

Les projets

CD2, Track 9

Exercice 8. Aide-moi! Caroline needs her brother's help on Wednesday afternoon. Check off the things she plans to do if he will help her with her household chores.

_____ jouer de la guitare

_____ retrouver des amis à la bibliothèque

_____ aller au centre-ville

_____ regarder la télé

_____ faire le ménage

_____ aller au magasin de disques

_____ faire des courses

_____ jouer au tennis

_____ jouer au squash au club de sport

_____ acheter un jean et des chaussures

_____ acheter une nouvelle robe

PRONONCIATION ET ORTHOGRAPHE

French vowels /a, e, i/ and listening for masculine and feminine job titles and nationalities

CD2, Track 10

A. Les voyelles françaises (introduction). In French, vowels are pronounced with more tension and are more crisp than in English. English speakers often pronounce vowels with a diphthong or glide from one sound to another. In contrast, French vowels immediately hit their target sound. To pronounce a pure French vowel, hold your jaw steady to avoid gliding. Compare the following English–French pairs.

English	French
mat	maths
say	ses
sea	si
bureau	bureau

In this introduction to French vowels, you will practice three vowel sounds: /a/, /e/, /i/.

La voyelle /a/

The sound /a/ is written with the letter **a** (also **à, â**) and has the same pronunciation whether it is at the beginning, middle, or end of a word. The word **femme** also contains this vowel sound, in spite of its spelling. Listen to the following English–French pairs to contrast the various pronunciations of *a* in English with the consistent French /a/.

English	French
madam	madame
sociable	sociable
Canada	Canada
phrase	phrase

Now repeat these words with /a/, remembering to keep your jaw steadily in place.

Anne	radio	appartement	femme
âge	adresse	avril	promenade
camarade	cinéma	ma mère	elle va à Paris

La voyelle /e/

The sound /e/ begins higher and is more tense than its English equivalent. Compare the following:

English	French
may	mes
say	ses
lay	les

As you pronounce the following words, note that /e/ may be spelled **-er, -é, -ez, -et,** and **-es** (in one-syllable words).

désolé	vous chantez	la télé	des
musée	ses idées	et	mes
aller	chez Mémée	aéroport	parlez

La voyelle /i/

The vowel sound /i/ is pronounced high like /e/ but with your lips more spread as in a smile. Compare the following pairs, noting the absence of diphthongs in French.

English	French
key	qui
sea	si
knee	ni

Note that /i/ may be spelled **i** (**î,** or **ï**) or **y.** Listen and repeat the following:

midi	pique-nique	bicyclette	timide
minuit	guitare	lit	il habite
lycée	tapis	disque	il y a

CD2, Track 11

B. Masculin ou féminin: les métiers. Job titles often have masculine and feminine forms that follow patterns similar to those of adjectives. Some forms do not vary. Listen to the following masculine and feminine pairs and repeat.

un avocat	une avocate
un musicien	une musicienne
un infirmier	une infirmière
un secrétaire	une secrétaire

Remember that you may also hear other clues to help you understand whether the person being described is male or female: the subject pronoun **il(s)/elle(s)** and the indefinite article in the structure **c'est un(e).**

Listen to the statements that follow and mark whether the person described is male or female.

    masculin   **féminin**

1. _____ _____

2. _____ _____

3. _____ _____

4. _____ _____

5. _____ _____

6. _____ _____

7. _____ _____

CD2, Track 12

C. Masculin ou féminin: nationalités. Adjectives of nationality also have masculine, feminine, singular and plural forms. Listen and repeat these masculine/feminine pairs of adjectives:

canadien	canadienne
sénégalais	sénégalaise
allemand	allemande
russe	russe

Now, listen to the sentences and circle the adjective of nationality you hear.

1. italien   italienne

2. anglais   anglaise

3. américain   américaine

4. chinois   chinoise

Finally, listen carefully to the subject and verb cues in the following sentences and select the correct form of the adjective of nationality.

masc. sing.	**masc. pl.**	**fem. sing.**	**fem. pl.**
5. allemand	allemands	allemande	allemandes
6. français	français	française	françaises
7. algérien	algériens	algérienne	algériennes
8. mexicain	mexicains	mexicaine	mexicaines

CD2, Track 13

D. Dictée partielle. Michèle is describing her brother Éric. On the first reading, just listen. The second time, fill in the blanks with the words you hear. Finally, on the third reading, correct your answers.

Mon frère Éric _____ (1) ans. _____ (2) dans un magasin

de vidéos où il travaille du _____ (3) au _____ (4),

de _____ (5) à _____ (6). Il aime bien son travail parce que

_____ (7) véritable amateur (*true fan*) de cinéma. Il connaît (*He knows*) tous les

films _____ (8), _____ (9) et _____ (10).

Le week-end, quand Éric _____ (11) ses amis, ils _____ (12)

ou _____ (13) des vidéos ensemble. Je suis sûre qu'un jour il

_____ (14) des films, mais pour le moment, il rêve de

_____ (15) à Hollywood pour voir les studios hollywoodiens.

On sort?

✤ Module 5

COMPRÉHENSION AUDITIVE

Comment parler au téléphone

CD2, Track 14

Exercice 1. Tu es libre? Samia calls her friend Karine to make some plans. Listen to her telephone conversation and choose the best answer.

1. Quand Samia téléphone à Karine,…

    a. la mère de Karine répond.

    b. Karine n'est pas là.

    c. elle laisse un message pour Karine.

2. Samia a un…

    a. nouvel ami.

    b. nouveau piano.

    c. nouveau vélo.

3. Samia invite Karine à…

    a. faire une promenade dans le parc.

    b. faire du vélo.

    c. jouer du piano.

4. Karine doit…

    a. rester à la maison avec ses parents cet après-midi.

    b. travailler cet après-midi.

    c. aller à une leçon de piano cet après-midi.

5. Karine et Samia décident de…

    a. sortir demain.

    b. rentrer à trois heures.

    c. partir à trois heures.

CD2, Track 15

Exercice 2. Qui est à l'appareil? *(Who's speaking?)* Listen to each phone message and identify the party you reach by writing the appropriate letter in the blank.

1. _____   **a.** la météorologie nationale

2. _____   **b.** votre futur employeur, L'Oréal France

3. _____   **c.** votre médecin, Mme Clermont

4. _____   **d.** votre garagiste, M. Fréchaut

5. _____   **e.** une amie de la fac, Clémentine

6. _____   **f.** votre compagnie de téléphone

                                 g. votre propriétaire, M. Chaumette

Comment inviter

CD2, Track 16

Exercice 3. Où aller? You will hear several conversations in which people discuss plans. Listen and circle the place in column A or B where each couple decides to go.

A	**B**
1. au concert	au cinéma
2. au match de foot	au bar
3. en ville	à la bibliothèque

CD2, Track 17

Exercice 4. Laissez un message. Véronique is organizing a picnic for noon tomorrow. Listen to the messages left on her answering machine and check off whether or not the following people can come.

	oui	non
1. Emma	_____	_____
2. Lucas	_____	_____
3. Eva	_____	_____
4. Kenza	_____	_____
5. Mohamed	_____	_____

CD2, Track 18

Exercice 5. Des SMS. A few of Véronique's friends have left her some written, abbreviated messages on her cell phone. First, read the messages out loud, then listen and match the oral messages to the written forms.

Nouveau vocabulaire:
ms = mais
resto = restaurant

1. _____   **a.** C 1 super i d, je viens à 12h30 avec d fruits

2. _____   **b.** C sympa ms g un examen à 12h30… Dsolé!

3. _____   **c.** C bête, je v o resto avec JP…

4. _____   **d.** Je suis o q p à 12h00 ms je peux venir à 1h00. C ok?

Rendez-vous au café

CD2, Track 19

Exercice 6. Conversations au café. While in a café near campus, you overhear a number of conversations. Identify the situation that is occurring in each conversation by writing the appropriate letter in the blank.

1. _____   **a.** getting a seat in a café

2. _____   **b.** ordering something to drink

3. _____   **c.** striking up a conversation

4. _____   **d.** asking for the check

5. _____   **e.** saying good-bye

CD2, Track 20

Exercice 7. Qu'est-ce qu'ils commandent? Your friends finally meet you at the café. You have already ordered while waiting for them; now they look at the menu and order drinks and food. Listen carefully to the following conversation and use tally marks to indicate how many of each item is ordered.

Nouveau vocabulaire:

ça ralentit   *it slows down*

_____ sandwich jambon beurre

_____ sandwich au fromage *(cheese)*

_____ croissant

_____ expresso

_____ chocolat chaud

_____ jus d'orange

_____ thé nature

_____ thé citron

_____ demi

_____ Coca

_____ verre d'eau

Qu'est-ce que Djamel demande à la fin? _____

La météo

CD2, Track 21

Exercice 8. Prévisions météo. As you are trying to make plans for a weekend outing in the south of France, you listen to the weather report to decide whether to go to the beach, the mountains, or the island of Corsica. On the map below, jot down the weather conditions and temperatures given for the cities marked. You may need to listen more than once. Then decide where you would like to go and fill in the sentence with your choice and a brief explanation.

Nouveau vocabulaire:

temps instable	*unstable conditions*
vents légers	*light winds*
ciel nuageux	*cloudy sky*
éclaircies	*partly cloudy*
ensoleillé	*sunny*
températures douces	*mild temperatures*
averses	*showers*

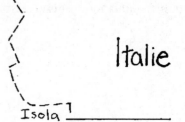

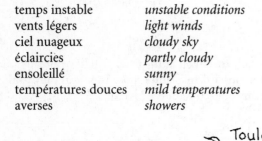

Ce week-end, je voudrais aller à _____ parce que _____

_____.

Comment faire connaissance

CD2, Track 22

Exercice 9. On se connaît? Théo is taking a walk in the park. After a while, he sits down on a bench near someone he happens to have seen before. Listen to the conversation and decide whether the following statements are true (**vrai**) or false (**faux**).

Nouveau vocabulaire:

par hasard	*by any chance*
Tu m'étonnes!	*No kidding!*
tellement... que	*so . . . that*

	vrai	faux
1. Théo et Léa ont un cours d'art ensemble.	❏	❏
2. Les cours de Professeur Labatte sont les mercredis à trois heures de l'après-midi.	❏	❏
3. Théo et Léa aiment bien Professeur Labatte.	❏	❏
4. Théo vient très souvent dans ce parc.	❏	❏
5. Léa habite près du parc.	❏	❏
6. Aujourd'hui, il fait très beau.	❏	❏
7. Léa trouve Cézanne intéressant.	❏	❏

8. Léa a une double spécialisation.   ❑   ❑

9. Il est une heure dix.   ❑   ❑

10. Théo et Léa ne vont pas se revoir *(see each other again).*   ❑   ❑

CD2, Track 23

Exercice 10. Un ami curieux. A friend asks you lots of questions about your weekend plans. Select and read aloud the response that best answers the question you hear.

     Modèle: Vous entendez: Est-ce que tu restes ici ce week-end?

            Vous choisissez et vous dites: __**X**__ *Non, je pars.*

    Nouveau vocabulaire:

un spectacle   *a show*

1. _____ À l'heure.

     _____ À Las Vegas.

     _____ À six heures.

2. _____ Vendredi après-midi.

     _____ Dans un mois.

     _____ En retard.

3. _____ On prend la voiture.

     _____ On prend un café.

     _____ 400 kilomètres.

4. _____ Avec le bus.

     _____ Avec ma cousine Martine.

     _____ Avec mes livres de chimie.

5. _____ Elle va bientôt à Paris.

     _____ Elle est banquière.

     _____ Elle va bien.

6. _____ Oui, elle finit ses études en juin.

     _____ Oui, elle a 27 ans.

     _____ Non, elle n'est plus chez lui.

7. _____ Parce que nous devons voir notre tante.

     _____ Nous sommes fatiguées.

     _____ On va voir un spectacle du Cirque du Soleil.

8. _____ Oui, pourquoi pas?

     _____ Oui, il fait beau.

     _____ Oui, il y a un concert.

PRONONCIATION ET ORTHOGRAPHE

The French vowels /o/ and /u/, question patterns (cont'd), and the pronunciation of **vouloir, pouvoir, devoir,** and **prendre.**

CD2, Track 24

A. Les voyelles françaises (suite). The vowel sounds /o/ and /u/ are pronounced with rounded lips.

La voyelle /o/

When pronouncing the sound /o/, round your lips and keep your jaw in a firm position so as to avoid making the diphthong /ow/ that is common in English.

English	French
hotel	**hôtel**
tow	**tôt**

There are a number of spellings for this sound, including **o** (and **ô**), **au, eau.** Repeat the following words:

au bureau	beau	photo	Pauline
chaud	jaune	jumeaux	piano
nos stylos	chauffeur	vélo	météo

La voyelle /u/

The sound /u/ (spelled **ou, où,** or **oû**) is produced with rounded lips and more tension than its English equivalent, as you can hear in the following:

English	French
sue	**sous**
too	**tout**
group	**groupe**

Listen and repeat the following:

jour	nous écoutons	ouvert	nouvelle
août	rouge	boutique	au-dessous
cours	vous jouez	d'où êtes-vous	retrouver

CD2, Track 25

B. La combinaison /oi/. The vowel combination **oi** (or **oy**) is pronounced /wa/. One exception to this pattern is in the word **oignon** where **oi** is pronounced like the **o** in **orange.** Listen and repeat the following:

moi	vouloir	foyer	loyer
toi	devoir	pouvoir	noir
boîte	oignon	pourquoi	froid
mois	avoir	trois	Renoir

CD2, Track 26

C. Les questions (suite). You have already seen how intonation, the rising or falling pitch within a sentence, is used to ask yes/no questions.

a. Listen to the following questions and indicate whether the intonation rises or falls at the end.

	rising	falling
1. Tu veux sortir ce soir?	_____	_____
2. Est-ce que tu aimes faire la cuisine?	_____	_____
3. À quelle heure est-ce que le film commence?	_____	_____
4. Est-ce qu'il joue au tennis?	_____	_____
5. Où est le concert?	_____	_____
6. Qui est à l'appareil?	_____	_____
7. Vous prenez du café?	_____	_____
8. Pourquoi allez-vous au parc?	_____	_____

As explained in **Module 2,** yes/no questions such as 1, 2, 4, and 7 have rising intonation. Notice that in questions that ask for information such as 3, 5, 6, and 8, the question word begins at a high level but then the intonation falls.

Listen and repeat the following information questions using the patterns given above.

1. Qu'est-ce que tu fais?

2. Quelle est sa nationalité?

3. Avec qui est-ce que tu vas au cinéma?

4. Comment va-t-il?

5. Quand est-ce que Nicole arrive?

6. D'où venez-vous?

b. Now listen to the intonation of the following questions and mark whether they are yes/no questions or questions that ask for information.

oui/non	information		oui/non	information
1. _____	_____	**4.** _____	_____
2. _____	_____	**5.** _____	_____
3. _____	_____	**6.** _____	_____

CD2, Track 27

D. Singulier ou pluriel? In this module, you were introduced to a number of frequently used irregular verbs such as **vouloir** and **prendre.** These verbs have two stems, one for the **nous/vous** form and one for the other forms. Repeat the conjugation of **vouloir,** noticing the difference between the singular and plural.

je veux	nous voulons
tu veux	vous voulez
il veut	ils veulent

The present-tense conjugation of the verb **pouvoir** is very similar. Listen and repeat.

je peux	nous pouvons
tu peux	vous pouvez
il peut	ils peuvent

Note the two stems of the verb **devoir** as you repeat the following:

je dois	nous devons
tu dois	vous devez
il doit	ils doivent

When pronouncing the forms of the verb **prendre,** contrast the nasal vowel of the singular forms with the **n** sound in the plural.

je prends	nous prenons
tu prends	vous prenez
il prend	ils prennent

Now listen to these sentences and indicate whether the verb you hear is singular or plural.

singulier	pluriel		singulier	pluriel
1. _____	_____	5. _____	_____
2. _____	_____	6. _____	_____
3. _____	_____	7. _____	_____
4. _____	_____	8. _____	_____

Qu'est-ce qui s'est passé?

COMPRÉHENSION AUDITIVE

Hier

CD3, Track 2

Exercice 1. Qu'est-ce qu'ils ont fait hier? Look at the pictures to decide whether the people mentioned took part in the following activities yesterday. Check **oui** or **non** and then say your response out loud.

Modèle: Vous entendez: J'ai joué au foot. Et Marc?

Vous cochez: ☑ non

Vous dites: *Il n'a pas joué au foot.*

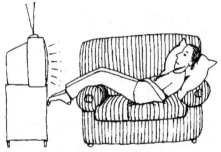

1. Vous cochez: ☐ oui ☐ non

4. Vous cochez: ☐ oui ☐ non

2. Vous cochez: ☐ oui ☐ non

5. Vous cochez: ☐ oui ☐ non

3. Vous cochez: ☐ oui ☐ non

CD3, Track 3

Exercice 2. Une journée active. Cédric had a busy day yesterday. Listen to him describe his day and put his activities in the correct order from 1 to 5 for the morning and 1 to 5 for the afternoon.

A. Hier matin

_____ **a.** aller à la salle de sport

_____ **b.** partir à la fac

_____ **c.** parler au téléphone avec son père

_____ **d.** lire le journal

_____ **e.** prendre le petit déjeuner

B. Hier après-midi

_____ **a.** apporter les pizzas en moto

_____ **b.** manger au restaurant avec des copains

_____ **c.** écrire un courriel à un prof et parler au téléphone avec sa copine

_____ **d.** aller travailler à Pizza Hut

_____ **e.** faire ses devoirs

Comment raconter une histoire (introduction)

CD3, Track 4

Exercice 3. Au stade de foot. Cédric is at the football stadium with friends. While he and his friends are talking, he overhears a number of conversations going on around him. First stop the CD to read the reactions listed here. Then listen to the comments and select the appropriate reaction.

Nouveau vocabulaire:

l'Olympique de Marseille (l'OM)	*French soccer team*
Manchester United	*British soccer team*
battu	*beat*

1. _____   **a.** Oh là là! C'est pas vrai!

2. _____   **b.** Oh, tu sais, c'est un problème classique… Bon, alors, je t'explique…

3. _____   **c.** Vraiment? Qu'est-ce qui s'est passé?

4. _____   **d.** Vraiment? Félicitations!

5. _____   **e.** Ah oui? Tu as aimé?

                         f. Zut alors!

Now listen to the comments and reactions on the CD.

Parlons de nos voyages

CD3, Track 5

Exercice 4. Un séjour raté! (*A disastrous stay!*) During the halftime, Cédric and his friend Bruno talk about Bruno's last camping trip in Provence. Listen to their conversation and put the events back in the correct order.

Nouveau vocabulaire:

un camping	*a campground*
complet	*full*
le jour suivant	*the next day*
une tente	*a tent*
réparer	*to repair*

_____ **a.** rentrer à la maison

_____ **b.** aller à l'hôpital

_____ **c.** tomber en panne

_____ **d.** avoir un accident

_____ **e.** aller au camping du Soleil

_____ **f.** arriver au camping des Trois Pins

_____ **g.** pleuvoir

CD3, Track 6

Exercice 5. Une affaire de famille. Cédric came home late after the game and his parents were worried about him.

A. In the morning, Cédric's father asks his son a lot of questions about what he did last night. Listen to their conversation and determine whether the following statements are true (**vrai**) or false (**faux**).

1. Cédric est allé au stade de foot hier soir.	**vrai**	**faux**
2. Il y est allé avec des copains du travail.	**vrai**	**faux**
3. Ils ont pris le métro pour aller au stade.	**vrai**	**faux**
4. Le match a commencé à quinze heures.	**vrai**	**faux**
5. L'Olympique de Marseille a gagné 3–0.	**vrai**	**faux**
6. Après le match, Cédric et ses copains sont allés dans un bar.	**vrai**	**faux**

B. Now Cédric's mother asks his father about Cédric's whereabouts last night. Play the role of Cédric's father and respond orally to her questions during the pause. Then listen to the complete dialogue to verify your answers.

1. _____

2. _____

3. _____

4. _____

CD3, Track 7

Exercice 6. Projets de voyage. Cédric's parents are talking about taking a trip. Listen to their conversation and circle the appropriate answers.

  Nouveau vocabulaire:

  une croisière   *a cruise*
  un billet   *a ticket*
  Soyons fous!   *Let's be crazy!*

1. Le père pense que:

  a. sa femme et lui réagissent comme si *(as if)* Cédric avait encore 12 ans.

  b. sa femme et lui donnent trop de *(too much)* liberté à Cédric.

  c. Cédric n'a pas beaucoup grandi.

2. Les activités que le père voudrait faire pendant la croisière sont:

  a. lire un livre et marcher

  b. brunir et manger

  c. nager et maigrir

3. La mère veut choisir une compagnie pas trop chère parce qu(e):

  a. elle n'aime pas dépenser son argent.

  b. elle ne veut pas vraiment partir en croisière.

  c. elle n'a pas réussi à économiser beaucoup d'argent.

4. Les parents de Cédric veulent partir en croisière:

  a. cet été

  b. cet hiver

  c. ce matin

Les informations

CD3, Track 8

Exercice 7. Les infos. Listen to the following segments from news broadcasts and assign them to the appropriate **rubrique** *(news category)*. Write down one or two words you understand from each report (in English or French).

Rubriques: sport, affaires, politique, art et culture, gastronomie

1. rubrique: _____

  mots: _____

2. rubrique: _____

  mots: _____

3. rubrique: _____

  mots: _____

4. rubrique: _____

mots: _____

5. rubrique: _____

mots: _____

Personnages historiques

CD3, Track 9

Exercice 8. Jean-Jacques Rousseau—Chronologie de sa vie. Listen to the following short biography of Jean-Jacques Rousseau, an 18th century philosopher who lived just prior to the French and American revolutions. Complete the chart by circling the information you hear.

Nouveau vocabulaire:

la lingère	*the washer woman*	une œuvre	*a work*
juste après	*right after*	sans	*without*
la naissance	*the birth*		

Nom:	Jean-Jacques Rousseau		
Lieu de naissance:	Paris	Genève	Annecy
Date de naissance:	1217	1712	1772
Nationalité:	français	suisse	belge
Profession:	musicien	médecin	philosophe
État civil (*Marital status*):	célibataire	marié	
Ses contemporains:	Sartre	Voltaire	Baudelaire
***Du Contrat social* parle de:**	politique	philosophie	éducation
Mort:	1718	1778	1788

PRONONCIATION ET ORTHOGRAPHE

Comparing the pronunciation of French and English cognates, listening for past-tense endings

CD3, Track 10

A. Mots apparentés. As you have already seen, French and English have many words in common. A number of these words share a common suffix whose pronunciation differs slightly. Learning these cognates in groups will dramatically increase your French vocabulary.

- **-tion.** English words ending in *-tion* generally have a French equivalent. French words with this suffix are always feminine. When pronouncing them, be sure to avoid producing the *sh* sound of the English equivalent.

  Listen to the following words pronounced in English and then in French. Notice that in the French words, each syllable is evenly stressed.

English	French
nation	**nation**
equitation	**équitation**
pollution	**pollution**

  Now repeat the following words:

la nation	l'évaluation
la réputation	la promotion
la motivation	l'institution
la caution	la fédération
l'obligation	l'organisation

- **-ité.** Another common French ending is **-ité,** equivalent to *-ity* in English. This is also a feminine ending that refers generally to abstract ideas.

  Compare the English and French pronunciation of the following words. Notice that the English words have stressed and unstressed syllables, whereas the syllables in the French words are evenly stressed.

English	French
capacity	**capacité**
morality	**moralité**
possibility	**possibilité**

  Now repeat after the French model, making sure not to reduce any of the vowels. The primary stress will fall on the final syllable.

la liberté	la fatalité
l'égalité	la finalité
la fraternité	l'identité
l'amitié	la personnalité
la vérité	l'inflexibilité

- **-isme.** The ending **-isme,** a third suffix shared by French and English, is frequently associated with social, political, and religious institutions. Words with this ending are always masculine.

  Repeat the following words:

le communisme	le christianisme
le capitalisme	le libéralisme
le populisme	le socialisme
le bouddhisme	l'hindouisme

CD3, Track 11

B. Test d'orthographe. Write out the following cognates. Each word will be read twice.

1. _____   5. _____

2. _____   6. _____

3. _____   7. _____

4. _____   8. _____

CD3, Track 12

C. Passé ou présent? French has several cues to let you know whether a speaker is talking about the past or the present. Among these are context, adverbs (**hier, la semaine dernière, déjà**), the auxiliary verb (**être** or **avoir**), and the past participle. Because **-er** verbs are so common, the **é** sound at the end of a phrase group is an excellent cue to listen for.

Listen to the following sentences and indicate whether they are about the past or the present by marking the appropriate box.

	présent	passé			présent	passé
1.	_____	_____		5.	_____	_____
2.	_____	_____		6.	_____	_____
3.	_____	_____		7.	_____	_____
4.	_____	_____		8.	_____	_____

CD3, Track 13

D. Dictée partielle. What happened Saturday evening? The selection will be read once with pauses for you to write what you hear and a second time without pauses for you to check your work.

Samedi soir, nous nous sommes bien amusés. Des copains _____ (1) et nous

_____ (2) ensemble. Jacquot _____ (3) sa collection de CD

et Hervé _____ (4) du vin. Moi, _____ (5) des spaghettis et

une salade. On _____ (6) de la musique pendant le dîner. Puis Juliette a commencé

à chanter. Jacquot _____ (7) ses CD de rock et on _____ (8).

Vers une heure du matin, le vieux couple d'à côté, s'est plaint (*complained*) du bruit. On a donc coupé la

musique et tout le monde (*everyone*) _____ (9).

On mange bien

✿ **Module 7**

COMPRÉHENSION AUDITIVE

Manger pour vivre

CD3, Track 14

Exercice 1. Les cinq groupes alimentaires. Food is a popular topic of conversation. Identify the category of the food item you hear mentioned in the sentences that follow.

	légumes	fruits	produits laitiers	viandes	céréales
1.	_____	_____	_____	_____	_____
2.	_____	_____	_____	_____	_____
3.	_____	_____	_____	_____	_____
4.	_____	_____	_____	_____	_____
5.	_____	_____	_____	_____	_____
6.	_____	_____	_____	_____	_____
7.	_____	_____	_____	_____	_____
8.	_____	_____	_____	_____	_____
9.	_____	_____	_____	_____	_____
10.	_____	_____	_____	_____	_____

Les courses: un éloge aux petits commerçants

CD3, Track 15

Exercice 2. Chez les petits commerçants. Listen to the following shopping conversations and identify where each takes place.

1. au marché   à l'épicerie   à la boulangerie   à la charcuterie

2. au marché   à l'épicerie   à la boulangerie   à la charcuterie

3. au marché   à l'épicerie   à la boulangerie   à la charcuterie

4. à la boucherie   à l'épicerie   à la boulangerie   à la charcuterie

L'art de la table

CD3, Track 16

Exercice 3. Un repas en famille. The Mauger family is preparing dinner. Listen to the bits of conversation recorded here and decide whether they're logical (**logique**) or illogical (**illogique**).

1. **a.** logique   **b.** illogique   4. **a.** logique   **b.** illogique

2. **a.** logique   **b.** illogique   5. **a.** logique   **b.** illogique

3. **a.** logique   **b.** illogique   6. **a.** logique   **b.** illogique

CD3, Track 17

Exercice 4. Une petite peste! You invite your boyfriend or girlfriend for dinner with your family. Unfortunately, your little sister is misbehaving at the table. Tell her what to do or not to do in the situations you hear. Then compare your statement to the one given.

Modèle: Vous entendez: Elle commence à manger avant les autres.
             Vous dites: *Ne commence pas à manger avant les autres.*

1. Vous dites: _____

2. Vous dites: _____

3. Vous dites: _____

4. Vous dites: _____

5. Vous dites: _____

6. Vous dites: _____

Les plats des pays francophones

CD3, Track 18

Exercice 5. Les ingrédients pour une bonne salade niçoise. Your housemate reads out a list of ingredients for **salade niçoise.** Check off the items on your shopping list that you need for this dish.

_____ poivron jaune   _____ poivron vert   _____ saumon

_____ salade   _____ riz   _____ vinaigre

_____ pommes de terre   _____ haricots verts   _____ huile d'olive

_____ tomates   _____ moutarde   _____ citron

_____ concombre   _____ filets d'anchois   _____ jambon

_____ petits pois   _____ poivre   _____ sel

Comment se débrouiller au restaurant

CD3, Track 19

Exercice 6. Qu'est-ce qu'ils disent? You are in a noisy restaurant, trying to listen to what people at the neighboring table are saying. Listen to their conversation and match what each patron asks or says with the waiter's replies. Be careful, there is **one extra element** in the right column that **cannot be matched** to anything.

Client	Serveur
1. _____	**a.** Je suis désolé, monsieur, nous n'avons plus de poisson.
2. _____	**b.** Non, notre couscous n'est pas très piquant.
3. _____	**c.** Oui, monsieur, il est compris.
4. _____	**d.** Très bien, un menu à 16 euros pour madame.
5. _____	**e.** Je vous conseille le rôti de porc, il est très bon.
	f. Est-ce que vous êtes prêts à commander?

CD3, Track 20

Exercice 7. Avant de faire la commande. A couple is dining out. Listen to the first remark or question and select the most appropriate follow-up. Then listen to the response given to check your answer.

1. **a.** Non, je n'en ai pas.

   b. Non, je ne l'ai pas.

2. **a.** Je ne sais pas. L'écriture *(printing)* est trop petite. Je ne peux pas la lire.

   b. Je ne sais pas. L'écriture est trop petite. Je ne peux pas le lire.

3. **a.** Non, je les ai laissées à la maison.

   b. Non, je l'ai laissées à la maison.

4. **a.** Oui, je les aime bien!

   b. Oui, j'aime les bien!

5. **a.** Bon, je prends ça.

   b. Bon, je la prends.

6. **a.** Vas-y! Je t'écoute!

   b. Vas-y! Tu m'écoutes!

PRONONCIATION ET ORTHOGRAPHE

Distinguishing between **du, des,** and **de;** la lettre **h**

CD3, Track 21

A. De/du/des. In using partitive articles, you need to clearly distinguish **du, des,** and **de.**

You have already practiced the **é** sound in **des** in **Module 4;** remember to pronounce /e/ with more muscular tension than in English. Listen and repeat.

des amis	des céréales	des entrées
des pommes	mangez des légumes	

The **u** in **du** is a high vowel that does not exist in English. A simple way to learn to pronounce this sound is to begin by pronouncing the French vowel **i** and then to round your lips. When you pronounce this sound, whose phonetic alphabet symbol is /y/, your jaws are steady and the tip of your tongue is behind your lower teeth. Remember to make a crisp sound and not to glide. Listen and repeat the following:

du	bureau	occupé	musée
musique	d'habitude	numéro	une jupe

The **e** of **de** is lower and more relaxed, similar to the *schwa* /ə/ in English. It is also called **e instable** because it is sometimes not pronounced and it contracts when followed by a vowel sound. This contraction is know as **élision.** Repeat the following:

pas de café	de la salade	trop de sucre
pas d'eau	de l'eau	une tasse de thé

In the following sentences, listen carefully for the article that is used and circle it:

1. de   du   des

2. de   du   des

3. de   du   des

4. de   du   des

5. de   du   des

6. de   du   des

7. de   du   des

8. de   du   des

CD3, Track 22

B. La lettre *h*. The letter **h** is never pronounced in French. Listen and repeat the following:

thon	histoire	thé
cahier	maths	Nathalie
sympathique	heure	Thierry

Most French words beginning with a mute **h,** or **h muet,** are treated like words beginning with a vowel; you use the singular definite article **l'** and pronounce the liaison with the plural article **les.**

l'horaire   les hommes

In some words—generally of Germanic origin—the **h** is said to be an **h aspiré**. Although it is not actually aspirated, it acts like a consonant, blocking both **élision** and **liaison**.

le homard *(lobster)*   les haricots
   x   x

Words beginning with **h aspiré** are often marked in dictionaries with an asterisk (*). A few common words with **h aspiré** are **haricot, hors-d'œuvre, hamburger,** and **huit**. Pronounce the following words with **h muet** (and liaison) or **h aspiré** (no liaison) after the speaker.

l'hôpital	les Hollandais	les hors-d'œuvre
	x	x
le hamburger	l'hiver	les hôtels
x		
dix heures	le hockey	les huit livres
	x	x
l'homme	l'huile	nous habitons

CD3, Track 23

C. Dictée partielle. Holidays are often a time for celebrating with traditional foods. Marie-Élyse talks about what happens to her diet during the holidays. This selection will be read once with pauses for you to write what you hear, and a second time without pauses for you to check your work.

Nouveau vocabulaire:

une bûche de Noël   *cake in the form of a yule log*

D'habitude, j'ai un régime modéré. _____ (1) manger _____ (2)

et _____ (3) frais, _____ (4) et du yaourt. Mais pendant les

fêtes de fin d'année, il est très difficile de résister à la tentation et _____ (5) beaucoup

_____ (6). On _____ (7) chez ma grand-mère, chez mes tantes et

aussi chez des amis, et tout le monde prépare _____ (8) exceptionnels. Il y a toujours

_____ (9), de la dinde ou _____ (10), des plats avec des sauces à

la crème et _____ (11), _____ (12) et naturellement, une belle

bûche de Noël. C'est probablement à cause de ces excès qu'il faut prendre de bonnes résolutions

_____ (13).

Souvenirs

❀ Module 8

Souvenirs d'enfance

CD3, Track 24

Exercice 1. Souvenirs d'enfance. You are going to hear Jean-Claude reminisce about his childhood with his new friend Drew, an American student he met during an exchange program. First, stop the recording and study the list of childhood memories given below. Check the **moi** column for the memories that apply to you. Now listen to the recording and check off the memories recalled by Jean-Claude.

Nouveau vocabulaire:

jouer à cache-cache	*to play hide and seek*
jouer à chat perché	*to play a game similar to tag*
grimper aux arbres	*to climb trees*
un gamin	*a kid (fam)*
un tyran	*a bully*
battre	*to hit*
intimider	*to intimidate*

	moi	Jean-Claude
1. J'avais une enfance heureuse.	_____	_____
2. Ma mère ne travaillait pas.	_____	_____
3. Beaucoup d'enfants habitaient près de chez nous.	_____	_____
4. J'aimais l'école.	_____	_____
5. Après l'école, j'avais des leçons.	_____	_____
6. Je grimpais aux arbres et je jouais à cache-cache.	_____	_____
7. Il y avait un garçon qui terrorisait les autres enfants.	_____	_____

L'album de photos

CD3, Track 25

Exercice 2. Un album de classe américain. Now, Drew is showing Jean-Claude his high school yearbook. As Drew answers Jean-Claude's questions about several pictures, decide which section of the yearbook he is describing.

1. _____
2. _____
3. _____
4. _____

    a. French club
    b. honor society
    c. student government
    d. cheerleaders
    e. most likely to succeed
    f. class trip

CD3, Track 26

Exercice 3. Tu te souviens? Jean-Claude is now at a family gathering. He and his cousin Nathan reminisce about the vacations they spent together in Provence. Before listening to their conversation, stop the recording and select from the elements given to complete the dialogue. Then listen to the recording to verify your answers.

Nouveau vocabulaire:

un bateau	*a boat*
les calanques	*deep rocky inlet in the Mediterranean*
quelque chose	*something*
sans nous	*without us*

1. NATHAN: Est-ce que tu te souviens des vacances (1. **qui, que, où**) nous avons passées à Toulon chez tante Esther?

2. JEAN-CLAUDE: Oh oui! J'ai de très bons souvenirs de cette époque-là. Si je ferme les yeux, je peux encore voir le jardin (2. **qui, que, où**) nous jouions.

3. NATHAN: Que c'était beau, ce jardin! Et tu te souviens du jour (3. **qui, que, où**) nous avons pris le bateau pour aller visiter les calanques de Cassis?

4. JEAN-CLAUDE: Si je me souviens? C'est quelque chose (4. **qui, que, où**) je n'oublierai jamais *(will never forget)*!

5. NATHAN: Quelle histoire! Le bateau nous a laissés sur une plage et là, nous avons rencontré deux filles (5. **qui, que, où**) venaient d'Italie. On a parlé, parlé, et on a oublié l'heure. Résultat: le bateau est parti sans nous! Il a fallu téléphoner à tante Esther.

6. JEAN-CLAUDE: Et c'est elle (6. **qui, que, où**) a dû venir nous chercher à la plage. Elle était vraiment furieuse!

Communiquer en famille

CD3, Track 27

Exercice 4. Autre temps, autre technologie. The way people communicate has changed a lot over the years. Listen to Jean-Claude and his grandmother talk about these differences and circle the appropriate form of the verb.

1. écrivais   écrivait   écrivaient

2. écris   écrit   écrivent

3. lis   lit   lisent

4. écris   écrivons   écrivent

5. dis   dit   disent

6. lis   lire   lisent

7. dis   dire   disent

CD3, Track 28

Exercice 5. Votre meilleur(e) ami(e). Do you communicate regularly with your best friend? Listen to the question and circle the appropriate pronoun to use in your answer. After the question is repeated, respond orally.

Modèle: Vous entendez: Vous donnez un cadeau à votre meilleur(e) ami(e) pour son anniversaire?
Vous choisissez: *lui*
Vous entendez: Vous donnez un cadeau à votre meilleur(e) ami(e) pour son anniversaire?
Vous dites: *Oui, je lui donne un cadeau pour son anniversaire.*

1. lui leur le la l' les
2. lui leur le la l' les
3. lui leur le la l' les
4. lui leur le la l' les
5. lui leur le la l' les

Comment comparer (introduction)

CD3, Track 29

Exercice 6. Brutus et Scoubidou. Jean-Claude is comparing his dog Brutus with his cousin Nathan's dog. Fill in +, – or = to indicate how the two dogs compared.

Nouveau vocabulaire:

un boxer	*a boxer*
un berger allemand	*a German sheperd*
féroce	*mean*

	Brutus	**Scoubidou**
1. beau	_____	_____
2. grand	_____	_____
3. féroce	_____	_____
4. patient	_____	_____
5. intelligent	_____	_____
6. gentil	_____	_____

Souvenirs d'une époque

CD3, Track 30

Exercice 7. Description ou événement? You are overhearing a few conversations taking place among some of Jean-Claude's family members. Listen and check whether the speakers are primarily discussing how things were (**description**) or what happened (**événement**).

1. description _____ événement _____
2. description _____ événement _____
3. description _____ événement _____

CD3, Track 31

Exercice 8. Souvenirs d'enfance. Now, it is Jean-Claude's grandmother's turn to reminisce about her childhood. First, read each sentence below and select an answer. Then, listen to the sentences to check your answer.

1. Quand j(e) _____ petite, j'allais à la plage tous les dimanches avec mes parents.

   a. ai été

   b. étais

   c. ai eu

2. Pour mon septième anniversaire, mon père m'_____ un vélo.

   a. a donné

   b. donnait

   c. ai donné

3. D'habitude, j(e) _____ à l'école en bus, mais après cet anniversaire, j'y suis allée en vélo.

   a. allais

   b. suis allée

   c. suis allé

4. J(e) _____ dix-huit ans quand j'ai appris à conduire une voiture.

   a. étais

   b. avais

   c. ai été

5. J(e)_____ mon mari à la banque en 1940.

   a. ai rencontré

   b. rencontrais

   c. rencontrer

PRONONCIATION ET ORTHOGRAPHE

Rhythmic groups, juncture, and linking syllables into sense groups

CD3, Track 32

A. Le groupe rythmique. When listening to French, individual word boundaries are blurred in the sound stream. One reason for this is that French groups syllables into larger sense groups called **groupes rythmiques,** which ignore word boundaries. Notice how the following sense groups are divided into syllables.

1. Il est impossible.   I | l es | t im | po | ssible.
2. Patrick est avec Arnaud.   Pa | tri | ck es | t a | ve | c Ar | naud.
3. Ma mère a deux enfants.   Ma | mè | re a | deu | x en | fants.
4. Elle étudie avec Alex.   E | lle é | tu | die | a | ve | c A | lex.

You may have noticed also that French syllables end in a vowel sound whenever possible, even when this forces syllables to cross word boundaries.

Repeat the following words after the speaker, dividing them into distinct syllables. Draw a vertical line between each syllable.

1. impossibilité   4. proposition
2. féroce   5. continentale
3. appartement   6. adolescence

CD3, Track 33

B. Joncture (Juncture). In listening to French, you will often hear phrase groups rather than individual words. This is because syllables are frequently divided across word boundaries, causing words to lose their identity in the speech stream.

Listen to the following phrase groups and draw a vertical line separating each syllable. Notice how this division or juncture crosses word boundaries.

Modèle: *I | l es | t im | pa | tient.*

1. Jeanne est ma sœur.   4. Il a vu les autres.
2. Tu parlais avec eux.   5. Marc a son adresse.
3. Notre professeur arrive.

CD3, Track 34

C. Enchaînement consonantique (Consonant linking). One of the ways French breaks up words is by **enchaînement,** the linking of the final pronounced consonant of one word to the vowel at the beginning of the next word. This is similar to **liaison,** which links normally silent consonants to the following vowel. Repeat the following phrases after the speaker, marking the links you hear. You will learn more about **liaisons** in the next module.

1. Patrick est intelligent.

2. Ma mère a les articles.

3. Ils écoutent une autre chanson.

4. Anne étudie les arts.

CD3, Track 35

D. Trouvez les groupes rythmiques. It is important to be able to divide a stream of speech into phrase groups. You can recognize these groups by paying attention to the following features:

1. The final syllable of each phrase group is stressed, that is, longer and sometimes louder.

2. If the phrase group is in the middle of a sentence, it is marked by a slight rise in intonation; at the end of a sentence it falls except for yes/no questions, which rise.

Listen to the following passage, marking the **groupes rythmiques** with a slash (/).

J'étais un enfant assez solitaire; je n'avais pas de frères ou de sœurs. C'est pourquoi j'ai inventé un ami imaginaire qui s'appelait Marcus. Marcus m'accompagnait partout, mais je lui parlais seulement quand nous étions seuls. Mes parents ne savaient pas que j'avais un tel copain.

Now repeat each **groupe rythmique** during the pause.

À la découverte du monde francophone  ❀ Module 9

Les pays francophones

CD4, Track 2

Exercice 1. Travaillons avec les Médecins sans frontières. Pierre and his brother are joining **Médecins sans frontières** (*Doctors without Borders*). Listen to their conversation and check off the countries they mention as possible assignments.

Nouveau vocabulaire:

un camp de réfugiés	*refugee camp*
primordial	*of the utmost importance*
dispensaire	*clinic*

_____ l'Ouganda

_____ le Mozambique

_____ la République démocratique du Congo

_____ le Ruanda

_____ le Viêt Nam

_____ le Cambodge

_____ le Laos

_____ le Mexique

_____ la Bolivie

_____ le Pérou

_____ le Honduras

_____ l'Éthiopie

CD4, Track 3

Exercice 2. Êtes-vous fort(e) en géographie? You will hear the beginning of a statement about the geography of the **République démocratique du Congo** followed by three possible endings. Refer to the map and choose **a, b,** or **c** to complete each statement accurately.

	a	b	c
1.	_____	_____	_____
2.	_____	_____	_____
3.	_____	_____	_____
4.	_____	_____	_____
5.	_____	_____	_____
6.	_____	_____	_____

Now listen and check your answers.

Comment comparer (suite)

CD4, Track 4

Exercice 3. Une discussion entre francophones. Representatives of various francophone countries meet at a dinner and are discussing their countries. Listen to their comments and then indicate whether each statement is **vrai** or **faux**.

Nouveau vocabulaire:

un diamant	*diamond*
l'Europe occidentale	*western Europe*
auparavant	*before, in earlier times*
désertification	*deforestation*

1. La Suisse a autant de francophones que de Suisses-Allemands. **vrai** **faux**

2. Il y a bien moins de gens qui y parlent italien. **vrai** **faux**

3. Montréal est la plus grande ville du Canada. **vrai** **faux**

4. L'atmosphère à Montréal est semblable à l'atmosphère à Toronto. **vrai** **faux**

5. La plus grande quantité de diamants industriels se trouvent en Afrique du Sud. **vrai** **faux**

6. La République démocratique du Congo est aussi grande que l'Europe occidentale. **vrai** **faux**

7. Il y a moins de forêts au Sénégal qu'auparavant à cause de la désertification. **vrai** **faux**

8. Au Sénégal, il pleut aussi souvent qu'il fait beau. **vrai** **faux**

Les moyens de transport

CD4, Track 5

Exercice 4. De quel moyen de transport parlent-ils? Listen to the conversations and determine which means of transportation the following people are talking about. There is **one means of transportation** that **cannot** be used!

Nouveau vocabulaire:

en grève *on strike*
la RATP (Régie Autonome des Transports Parisiens) *Paris public transport system*
seulement *only*

1. Paul voulait voyager _____.   **a.** à pied

2. Armelle et Julien voyagent _____.   **b.** en auto-stop

3. Karim et Catherine voyagent _____.   **c.** en bateau

4. Jacques et Marion voyagent _____.   **d.** en voiture

5. Étienne voyage _____.   **e.** en avion

6. Éric et Christine vont voyager _____.   **f.** en métro

   g. en train

Les vacances de vos rêves

CD4, Track 6

Exercice 5. Quelques conseils avant de partir. Denis and his friend Jean-Marc talk about the city of Québec.

A. Listen to their conversation once and select the correct response.

1. Jean-Marc parle surtout *(especially)*…

    a. des quartiers historiques et de la cuisine de Québec.

    b. de l'université et des hôtels à Québec.

    c. du fleuve et des festivals à Québec.

2. Denis ne peut pas faire tout ce que *(all that)* Jean-Marc décrit parce qu'il doit…

    a. rendre visite à sa cousine.

    b. travailler.

    c. étudier.

Check now to see if you got the main ideas.

B. Listen again and complete each sentence with the best answer.

1. Jean-Marc connaît cette ville parce qu(e)…

    a. il y habite.

    b. il l'a visitée.

    c. sa cousine y est étudiante.

2. Le plat typique québécois est…

    a. des frites qu'on mange en discothèque.

    b. du fromage qu'on mange au restaurant La belle province.

    c. la poutine: des frites avec du fromage et de la sauce.

3. Québec est une ville où on parle français parce qu(e)…

    a. Samuel Champlain l'a fondée au dix-septième siècle.

    b. la ville est très ancienne.

    c. il y a de bons restaurants, comme La belle province.

Listen to check your answers.

CD4, Track 7

Exercice 6. Vacances d'hiver. On a ski vacation, you try to impress someone you have just met by telling him/her that you know all the following things. In your statement, choose between **je sais** and **je connais.**

Nouveau vocabulaire:

un remonte-pente	*ski lift*
un moniteur de ski	*ski instructor*
les pistes	*slopes*

Modèle: Vous entendez: faire du bobsleigh
Vous choisissez: *je sais*
Vous entendez: faire du bobsleigh
Vous dites: *Je sais faire du bobsleigh.*
Vous entendez: Je sais faire du bobsleigh.

je sais	**je connais**
1. _____	_____
2. _____	_____
3. _____	_____
4. _____	_____
5. _____	_____
6. _____	_____

Comment demander des renseignements à l'agence de voyages

CD4, Track 8

Exercice 7. À l'agence de voyages. You are filling in for a friend who works at a travel agency. You answer the phone and take down client information on the form she left you so she can return the calls later.

Nom _____

No. de téléphone _____

Destination finale _____

Date prévue _____

Réservations   avion   train   hôtel   location de voiture

PRONONCIATION ET ORTHOGRAPHE

Liaison; pronunciation of s and r

CD4, Track 9

A. Liaison. Some final letters that are normally silent are pronounced when the following word begins with a vowel. This is called **liaison,** a phenomenon that links words together in phrases as in the following examples.

articles	**pronoms sujets**
les étudiants	vous êtes
un examen	ils ont
les enfants	on aime
un avocat	elles habitent
un homme	nous allons

adverbes et adjectifs	**verbe _être_**
très important	c'est important
mon appartement	il est ici
le petit enfant	elle est anglaise
de bonnes idées	

CD4, Track 10

B. La lettre s. As you can hear in the word **saison,** the letter **s** may be pronounced /s/ or /z/, depending on the sounds that surround it. Note how the two pronunciations of **s** result in a clear differentiation of the meaning of the following pairs:

/s/	/z/
le dessert	le désert
le poisson	le poison
ils sont	ils ont

Listen to the words or phrases and indicate whether you hear /s/ or /z/.

	/s/	/z/
1.	_____	_____
2.	_____	_____
3.	_____	_____
4.	_____	_____
5.	_____	_____
6.	_____	_____

The letter **s** is pronounced /s/ at the beginning of a word and when it is followed by another **s.** Repeat the following words:

ma sœur	suisse	la salle de classe	faire du ski
la savane	ils sont	ils savent	le saucisson
le sud	le poisson	nous sommes	une salade

When the letter **s** is between two vowels or followed by **e,** it is pronounced /z/. Note the liaison in the words of the final column. Repeat the following words:

valise	cuisine	musée	les autres
réserver	amusant	désolé	nous habitons
casino	nerveuse	quelque chose	vous aimez

CD4, Track 11

C. La consonne *r*. The standard French **r** sound is made in the back of the throat at the uvula. Listen and compare the English–French pairs below.

English	French
rose	**rose**
metro	**métro**
pour	**pour**

To articulate this French **r,** keep the tip of your tongue behind your lower teeth and raise the back of your tongue enough to allow a small amount of air to pass through. Now listen and repeat the following:

très	métro	rural	nord
rentrer	train	averse	région
réserver	partir	grand	désert
retour	transport	agricole	rapide

The uvular pronunciation of **r** is relatively modern; prior to the eighteenth century, the **r** was rolled with the tip of the tongue. The **r roulé,** similar to that used in Spain and Italy, continues to be used in many French-speaking areas of the world today such as southern France, Canada, and Africa.

Listen to the following words pronounced first by an African speaker and then by a Parisian.

Je préfère les robes rouges.
Le frère de mon ami Richard est vraiment nerveux.

CD4, Track 12

D. Un rêve bizarre. Listen to Suzanne tell about a very strange dream she had recently.

Vous _____ (1) l'histoire d'Alice au pays des merveilles *(Alice in Wonderland)*? Eh bien, dans

mon rêve, je suis en Afrique dans le _____ (2), avec Alice et sa sœur. Nous sommes dans une

oasis et nous mangeons _____ (3) au chocolat. Alice est très heureuse parce qu'elle a vu

_____ (4) dans la piscine de l'hôtel. Je demande à mes amies si _____ (5)

comment _____ (6) un chameau *(camel)*, le seul moyen de _____ (7) disponible

(available) dans cet _____ (8). Alice veut répondre mais soudain, _____ (9)

devient très noir, _____ (10) éclate *(breaks)* et je me réveille! Quel rêve bizarre!

La maison et la routine quotidienne

❈ Module 10

COMPRÉHENSION AUDITIVE

La vie de tous les jours

CD4, Track 13

Exercice 1. Activités logiques. Sabine is describing several activities of her daily routine. If the actions she describes are in logical order, check **oui.** If not, check **non.**

1. ❏ oui   ❏ non   4. ❏ oui   ❏ non

2. ❏ oui   ❏ non   5. ❏ oui   ❏ non

3. ❏ oui   ❏ non   6. ❏ oui   ❏ non

CD4, Track 14

Exercice 2. Tout le monde est debout! Sabine and her friend Fatima live in a four-apartment complex. Look at what they and their neighbors are doing.

A. Listen to the description of these people's activities and write down their names on the line below the images that correspond to what you hear.

Noms des personnes:

Sabine   Fatima   Monsieur Raoul   Mme Jeannot   Mme Ansèle et Julien

B. You will hear a few questions asking you about these people's activities. Say your response out loud and write down your answer in full sentences according to the picture. Listen to the answer to check your work.

Modèle: Vous entendez: Qui se réveille?
Vous dites et écrivez: *Sabine se réveille.*
Vous vérifiez: Sabine se réveille.

1. _____

_____

2. _____

_____

3. _____

_____

4. _____

_____

5. _____

_____

CD4, Track 15

Exercice 3. Le soir à la résidence. Sabine's boyfriend, Laurent, lives in a dorm. Listen to him talk about the evening activities there and decide whether the action described happens routinely (**d'habitude,** expressed in the present tense) or if it occurred yesterday (**hier, passé composé**). Circle **d'habitude** or **hier** as needed.

1. d'habitude   hier

2. d'habitude   hier

3. d'habitude   hier

4. d'habitude   hier

5. d'habitude   hier

6. d'habitude   hier

La maison, les pièces et les meubles

CD4, Track 16

Exercice 4. La maison de Sabine. Sabine is describing the different rooms in the house she shares with her two friends. Identify each part of the house she describes.

1. _____   **a.** la salle de séjour

2. _____   **b.** la cuisine

3. _____   **c.** la salle à manger

4. _____   **d.** la chambre

5. _____   **e.** la salle de bains

                     f. le garage

                     g. les W.-C.

                     h. la terrasse

Les tâches domestiques

CD4, Track 17

Exercice 5. Tous au travail! Sabine is at her parents' home for the weekend. They have guests coming over tonight and the house needs to be clean and tidy. In the blank, write the letter of the element that completes the statements you hear.

Nouveau vocabulaire:

les poils de chat   *cat hair*

1. _____   **a.** la vaisselle

2. _____   **b.** le balai

3. _____   **c.** faire ton lit

4. _____   **d.** vider

5. _____   **e.** passer l'aspirateur

Comment trouver le mot juste

CD4, Track 18

Exercice 6. Une soirée animée. The evening is very lively. You will hear several bits of conversations that are taking place. Complete each one with an appropriate expression, as in the model. The conversation will be repeated for you to verify your answer.

Modèle: Vous entendez: —Chérie, je suis fatigué, je vais rentrer.
                    —Tu veux que je rentre avec toi?
                    —Non, non, tu peux rester.
                    —D'accord. _____
            Vous choisissez: *f. Repose-toi bien.*

1. _____   **a.** Bon courage!

2. _____   **b.** Tu m'as manqué!

3. _____   **c.** Bonne nuit!

4. _____   **d.** Chapeau!

5. _____   **e.** Bon appétit, tout le monde!

                      f. Repose-toi bien.

Comment se plaindre

Exercice 7. Stéphane et Annick

A. During the evening, Sabine gets caught in the middle, as both Annick and Stéphane complain to her about each other! Listen first to Annick as she talks about her boyfriend Stéphane and check off the statements that describe him.

Nouveau vocabulaire:

à la lueur des chandelles *by candlelight*
gêner *to bother*

_____ Il n'a pas d'amis.

_____ Il n'a rien en commun avec Annick.

_____ Il aime le jazz.

_____ Il prépare souvent des dîners romantiques.

_____ Il ne fait plus la vaisselle.

_____ Il fait le ménage.

_____ Il préfère travailler dans le jardin.

_____ Il regarde souvent la télé.

B. Now listen to Stéphane, as he describes Annick. Check off the statements that are true according to Stéphane.

_____ Elle passe trop de temps à ranger la maison.

_____ Elle passe trop de temps devant la télévision.

_____ Elle ne fait jamais la lessive.

_____ Elle a refusé d'aller à la plage.

_____ Elle n'aime plus rester à la maison.

_____ Elle ne veut sortir avec personne.

CD4, Track 20

Exercice 8. Quelle journée stressante! Paulette, Sabine's best friend, talks about her stressful day. First, read through the annoyances she has had to face. Then, listen to her reactions and write the number of each in the blank before the corresponding event. Check your work by listening to Paulette vent her frustrations.

_____ Elle n'a plus de carte bancaire parce que la machine l'a mangée.

_____ Sa colocataire met la radio trop fort.

_____ Son copain ne peut pas l'aider parce qu'il va au match de football.

_____ Elle doit écrire trois rédactions pour lundi prochain.

_____ Une fois de plus, sa voiture est tombée en panne *(broke down)*.

PRONONCIATION ET ORTHOGRAPHE

The vowels /i/ and /y/; the letters **c** and **g** and the letter combination **qu;** and liaison (suite)

CD4, Track 21

A. Les voyelles *i* et *u.* As you have already seen, vowels in French are produced with greater tension than English vowels. Another characteristic of the vowels **i** and **u** is their height; they are produced with the back of the tongue quite near the roof of the mouth. Compare, for example, the English name Lee and the French word **lit** with its higher vowel.

Lee   lit

Identify the words you hear as either being English or French.

1. anglais   français

2. anglais   français

3. anglais   français

4. anglais   français

5. anglais   français

In the case of /y/, a sound which has no English equivalent, the height of the vowel is most clear when contrasted with French words containing the combination **ou.** This contrast in sound also results in a change of meaning. Repeat the following pairs, making sure to raise the height of your tongue as you pronounce /y/.

sous	su
tout	tu
loue	lu
vous	vu
doux	du
nous	nu

Now repeat the following phrases, paying particular attention to the high vowels.

ils lisent	vous avez lu	ils écrivent
tu as lu	nous avons dit	elle a répondu
tu dis «oui»	Qui a dit «Salut»?	j'ai écrit un livre

CD4, Track 22

B. Les lettres *c* et *g.* The letters **c** and **g** have two pronunciations, one "hard" and one "soft," depending primarily on the letters that follow.

When followed by **a, o, u,** or another consonant, **c** and **g** have a hard sound, as in the following words.

comme	goût	cours	golf
canapé	figure	cuisine	guerre
cuillère	grand	gâteau	classe

When followed by **e, i,** or **y,** they have a soft sound. Repeat after the model.

voici	gens	centre	intelligent
cerise	il gèle	généreux	célèbre
Cyrano	linge	accident	régime

CD4, Track 23

C. La combinaison *qu*. The letter combination **qu** is usually pronounced with a hard **k** sound in French. Repeat the following after the speaker.

quand	quelque	quartier	quantité
qui	bibliothèque	se maquiller	Monique
que	quotidien	question	quitter

CD4, Track 24

D. Liaison (suite). In **Module 9,** you were introduced to the linking phenomenon known as **liaison,** in which a usually silent consonant at the end of a word is pronounced when the word that follows it begins with a vowel sound.

des hommes   ils ont   mon petit ami

Because a **liaison** joins words in groups, it is found in numerous fixed expressions. Repeat the following expressions, making the **liaison** as indicated.

de moins en moins   de plus en plus   les États-Unis

tout à fait   tout à l'heure   bon anniversaire

vingt ans   petit à petit   je vous en prie

comment allez-vous   l'accent aigu   de temps en temps

Note, as you repeat after the speaker, that there is never a **liaison** after **et.**

français et anglais   Paul et Isabelle   vingt et un

Voyager en France

※ **Module 11**

COMPRÉHENSION AUDITIVE

Paris, j'aime!

CD4, Track 25

Exercice 1. Paris-Visite. You are about to hear the guide on the **Paris-Visite** tour bus point out famous Parisian sites. As you listen, trace the route with a pencil and circle the monuments and sites mentioned.

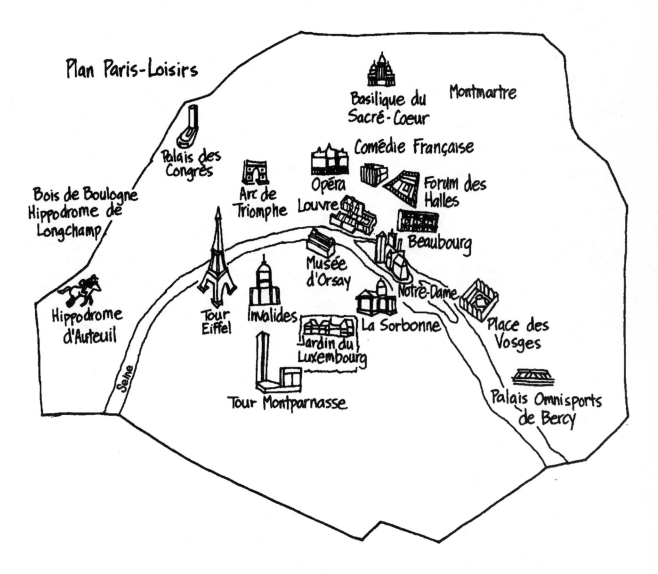

CD4, Track 26

Exercice 2. Pas d'accord. Carole and Dominique, who traveled from their home in the south of France to visit Paris, are ill-matched travel companions. Listen to their conversation as they plan their visit in Paris, and select the correct answer.

Nouveau vocabulaire:
les foules   *crowds*
faire la queue   *to wait in line*
un cimetière   *a cemetery*
une tombe   *a grave*

1. le musée Picasso:

   a. Il est trop salé.

   b. Dominique n'aime pas Picasso.

   c. Ils ont déjà visité un musée Picasso.

2. le musée du Louvre:

   a. Carole ne l'a jamais visité.

   b. Dominique n'aime pas la pyramide de Pei.

   c. Dominique n'aime pas les foules.

3. le cimetière du Père Lachaise:

   a. Carole n'aime pas les Doors.

   b. Carole n'aime pas les cimetières.

   c. Carole n'aime pas les fleurs.

4. Giverny:

   a. Dominique veut y aller pendant que Carole va visiter le musée du Louvre.

   b. Carole n'aime pas les jardins.

   c. Carole aimerait mieux le voir au printemps quand il fait moins chaud.

CD4, Track 27

Exercice 3. Les hauteurs de Paris. If you are after a bird's-eye view of Paris, here are some suggestions. Listen to the recording and circle the correct answer.

Nouveau vocabulaire:
ascenceur   *elevator*
à la ronde   *all around*
s'étendre   *to stretch*
funiculaire   *funicular (cable railway)*
scintiller   *twinkle*

1. Il faut monter jusqu'au troisième étage **de la tour Eiffel / du Sacré-Cœur** pour admirer Paris d'en haut.

2. Quand il fait beau, du haut **de la tour Eiffel / du Sacré-Cœur,** on peut voir jusqu'à 66 kilomètres à la ronde.

3. **Le funiculaire / La butte** est une sorte d'ascenseur externe qui monte à un angle de 45 degrés.

4. Le soir, **la tour Eiffel / le Sacré-Cœur** est l'endroit idéal pour les romantiques qui peuvent écouter les musiciens de la rue et voir les lumières de Paris scintiller dans la nuit.

Comment se repérer en ville

CD4, Track 28

Excercice 4. Pardon, monsieur. Je cherche… A tourist just finished shopping at the Galeries Lafayette. Now, he is receiving directions on how to get to his next destination. Where does he want to go? Listen to the directions and choose from the following destinations: **la gare Saint Lazare, l'Hôtel de Ville, le Palais de l'Élysée, le musée du Louvre, le musée d'Orsay,** and **l'Opéra.**

Voyager pas cher

CD4, Track 29

Exercice 5. Voyager pas cher. Listen to the following suggestions for saving on museum visits and mark the correct answers.

> **Nouveau vocabulaire:**
> faciliter   *to facilitate*
> accès libre et prioritaire   *priority access*
> collections permanentes   *permanent collections*
> faire la queue   *to stand in line*

1. La Carte musées et monuments offre la possibilité de visiter _____.

   a. le château de Versailles

   b. la Bibliothèque Nationale

   c. les collections permanentes de 65 musées et monuments de la région parisienne.

2. Cette carte offre _____ options.

   a. 2

   b. 3

   c. 4

3. Une carte pour une visite de trois jours coûte _____ euros.

   a. 12

   b. 32

   c. 25

4. On ne peut pas acheter cette carte _____.

   a. au bureau de poste

   b. dans les musées et monuments

   c. dans les principales stations de métro

5. Avec cette carte, vous n'avez pas besoin d(e) _____.

   a. faire la queue

   b. montrer votre carte d'étudiant

   c. acheter de billet de métro

Comment réserver une chambre d'hôtel

CD4, Track 30

Exercice 6. Oui, il y a de la place. Luc and Mathias are trying to find a youth hostel where they can stay in Paris. They call a hostel a friend recommended to see if there's room. Fill out Luc's missing notes.

Nouveau vocabulaire:
un couvre-feu *a curfew*

Auberge d'Artagnan

1. Ils ont de la place pour _____ personnes.

2. La réception reste ouverte jusqu'à _____.

3. L'adresse est _____ Vitrave.

4. C'est près de la gare _____.

5. Il faut prendre la ligne de métro numéro _____.

6. Le prix, c'est _____.

7. L'auberge reste ouverte _____.

La France et ses régions

CD4, Track 31

Exercice 7. À la découverte d'Aix! As a tour bus approaches Aix-en-Provence, the guide begins lauding its virtues. Listen to the recording and indicate whether the following statements are true or false.

Nouveau vocabulaire:

un atout	*an asset*
une escale	*a stopover*
une fontaine	*a fountain*
ombragé	*shaded*
un pastis	*popular regional drink*
les ruines romaines	*Roman ruins*

	vrai	faux
1. La Provence attire surtout les touristes japonais.	❑	❑
2. La Provence a des ruines romaines célèbres.	❑	❑
3. Marseille est l'ancienne capitale de la Provence.	❑	❑
4. Aix-en-Provence a une ancienne cathédrale, mais pas d'université.	❑	❑
5. De grands arbres bordent l'avenue qui s'appelle le Cours Mirabeau.	❑	❑
6. Aix-en-Provence s'appelle aussi la ville aux belles fontaines.	❑	❑
7. La célèbre fontaine des Quatre Dauphins date de 1557.	❑	❑
8. Le festival de musique d'Aix se passe pendant le mois de juin.	❑	❑
9. Paul Cézanne a peint la montagne Sainte-Victoire près d'Aix.	❑	❑

L'identité française

CD4, Track 32

Exercice 8. À quoi croire? Docteur Ponge, a French psychoanalyst, has recently conducted a study on French attitudes regarding religion and the supernatural. Listen to his interview on **Radio Luxembourg** and mark whether the following sentences are true or false.

Nouveau vocabulaire:

pratiquant	*practicing (a religion)*
le surnaturel	*supernatural*
un OVNI	*unidentified flying object*
améliorer	*to improve*
une soucoupe volante	*flying saucer*
controversé(e)	*controversial*

	vrai	faux
1. La plupart des Français croient en Dieu.	❏	❏
2. La France est un pays catholique par tradition.	❏	❏
3. Les Français vont régulièrement à l'église.	❏	❏
4. Les jeunes sont moins croyants que leurs parents.	❏	❏
5. La théorie de l'évolution est controversée chez les Français.	❏	❏
6. Les femmes sont typiquement plus croyantes que les hommes.	❏	❏
7. En général, les hommes s'intéressent plutôt aux phénomènes technologiques paranormaux.	❏	❏
8. Le judaïsme est la deuxième religion en France.	❏	❏

PRONONCIATION ET ORTHOGRAPHE

Pronouncing future-tense endings; the nasal vowels /ɔ̃/ and /ɑ̃/; producing /p, t, k/ without aspiration

CD4, Track 33

A. Le futur. You have already seen that French vowels are produced with more tension. When pronouncing verbs conjugated with **je** and **vous** in the future tense, the final vowel must be tense and high.

The endings of the following verbs are pronounced the same. Listen and repeat.

je parlerai	vous parlerez
j'irai	vous irez
je prendrai	vous prendrez
je ferai	vous ferez
je serai	vous serez

CD4, Track 34

B. Les voyelles nasales /ɔ̃/ et /ɑ̃/. The **nous** form of the future ends with the nasal vowel /ɔ̃/. This sound corresponds to the written letters **on** and **om** found in words such as **bon, ton,** and **compact.** To produce this sound, round your lips as you would to pronounce **beau;** put the tip of your tongue against your lower teeth and raise the back of your tongue towards the soft part of the roof of your mouth (the soft palate). Now let the air escape through your mouth and through your nose. Repeat the following words after the speaker.

bon	iront
parlerons	son
arriverons	compterons
chantons	non

If you try to produce the nasal vowel /ɔ̃/ without rounding your lips, you will produce the nasal vowel /ɑ̃/. This sound corresponds to the written letter combinations **an, am, en,** and **em** found in words such as **chambre, vent,** and **sans.** It is produced with the tip of the tongue against the lower teeth, but with the lips spread instead of rounded.

Pronounce the following words that contain the sound /ɑ̃/.

an	vent
chante	prudent
lent	rendent
tante	sans

It is important to be able to discriminate between the /ɔ̃/ and the /ɑ̃/, as this can make a difference in the word you hear. Look at the following word pairs and circle the one that is pronounced.

/ɑ̃/ (**tante**)	/ɔ̃/ (**non**)
1. vent	vont
2. sans	son
3. ayant	ayons
4. parlant	parlons
5. lent	long
6. tant	ton
7. étudiant	étudions

CD4, Track 35

C. Les consonnes *p, t, k*. When you pronounce the consonants **p, t,** and **k,** in English you produce a puff of air. This can be demonstrated by holding a piece of paper loosely up to your mouth and saying "paper"; the puff of air will make the paper wave. There is no such aspiration in French. Listen to the recording of the following English words produced with a French accent: *paper, papa, important, car, table, took.*

Now repeat after the speaker.

papa	Tu t'appelles comment?	Pourquoi tu poses cette question?
pourquoi	quand	Papa m'a parlé de toi.
qualité	tard	Tu ne peux pas parler?
tante	question	

CD4, Track 36

D. Dictée partielle. Soon, Florian and Manon will go Languedoc-Roussillon, a sunny region of France. Listen and fill in the blanks with the words you hear.

Nouveau vocabulaire:

écraser	*to crush*
faire les vendanges	*to harvest grapes*
paillard	*bawdy*
le raisin	*grapes*
récolter	*to harvest*
une récompense	*a reward*
un vigneron	*a winegrower*

À _____ (1) du mois de _____ (2), Florian et Manon

_____ (3) les vendanges dans le Languedoc-Roussillon, dans le sud de la France, comme

beaucoup _____ (4). Ils _____ (5) sur les terres du vigneron, ou

_____ (6) pas loin. C'est fatigant de faire les vendanges: il faut se lever très tôt le matin,

récolter le raisin à la main _____ (7), puis l'écraser avec ses pieds. La récompense?

Après _____ (8) de travail, ils _____ (9) du bon vin autour d'un

bon repas, et chanter des chansons paillardes!

Les jeunes face à l'avenir

✿ Module 12

COMPRÉHENSION AUDITIVE

Le système éducatif français

CD5, Track 2

Exercice 1. Les jeunes et l'éducation. Listen to what the following young people say about school and select the most appropriate description.

Nouveau vocabulaire:

les amphis *(fam)*	*amphitheaters*
par terre	*on the floor*
échouer	*to fail*
redoubler	*to repeat a year*
bosser *(fam)*	*to study*

1. Karim pense qu(e)…

   a. il y a trop d'examens par an.

   b. il y a trop d'étudiants dans les amphis.

   c. les profs aident beaucoup trop les étudiants.

2. Théo n'est pas prêt *(ready)* à…

   a. aller au lycée.

   b. choisir ce qu'il va faire dans la vie.

   c. étudier beaucoup de matières.

3. Amélie a dû beaucoup bosser pour ête sélectionnée parce qu(e)…

   a. il y avait plus d'étudiants que de places.

   b. il n'y a que les génies qui sont acceptés à l'université de Birmingham.

   c. le programme d'échange Erasmus est difficile.

4. Si Claire ne réussit pas à son concours d'entrée, elle ira…

   a. passer le bac.

   b. à la fac.

   c. en prépa.

CD5, Track 3

Exercice 2. À chacun son école! Listen to the following descriptions of French schools. Identify the institution associated with each segment and complete the additional comment. Educational institutions: **l'école maternelle, le collège, le lycée, l'université, une grande école.** One institution is not mentioned.

Nouveau vocabulaire:
bondé(e)   *crowded, packed*

1. _____

   Ce qu'elle aime, c'est _____ .

   Ce qu'elle n'aime pas, c'est que _____ .

2. _____

   Ce qu'il n'aime pas, c'est _____ .

   Ce qu'il aime, c'est _____ .

3. _____

   Ce qu'elle prépare, c'est _____ .

   Ce qu'elle étudie, c'est _____ .

4. _____

   Ce qu'il vient de faire, c'est _____ .

   Ce qu'il va faire cet été, c'est _____ .

Comment «parler jeune»

CD5, Track 4

Exercice 3. Des projets pour la soirée... Rémi and Alex are figuring out what to do this evening. Listen to their conversation and fill in the blanks.

RÉMI: Dis Alex, tu connais un bon _____ (1) pas cher?

   _____ (2) faire la cuisine ce soir.

ALEX: On pourrait manger un bon couscous près d'ici. Allons au Marrakech. Ils ont de la bonne

   _____ (3).

RÉMI: Bon d'accord. Et on pourrait retrouver les _____ (4) au club après.

ALEX: Tu sais, moi, j'ai pas assez de _____ (5) pour aller au club ce soir. Je suis

   fauché.

RÉMI: Tout le monde peut rentrer à _____ (6) et regarder un DVD.

ALEX: Okay. Mais avant de partir, je dois mettre d'autres _____ (7). Ce pull est sale.

   T'as quelque chose à me prêter?

RÉMI: Oui, prends ce pull-ci. On va prendre la _____ (8)?

ALEX: Non, allons-y à pied. C'est tout près. Mais avant de partir, je dois boire quelque chose. Qu'est-ce

   qu'il y a dans le _____ (9)?

CD5, Track 5

Exercice 4. En boîte. Alex and Rémi end up with their friends, Catherine and Annie, at a club after all. Listen to their conversation and identify the topics.

Nouveau vocabulaire:
draguer *to flirt with*
flipper *pinball machine*

1. _____
2. _____
3. _____
4. _____
5. _____
6. _____

a. une fille qui semble très jeune

b. une belle voix

c. une voix horrible

d. les copains

e. des jeunes filles qui chantent

f. un homme qui flirte

g. un film

h. une chanson amusante

La mode–tendances

CD5, Track 6

Exercice 5. Préparations pour le week-end. Amélie has been invited to spend the weekend at her boyfriend's country house. She's frantically getting ready. Select the appropriate answer to complete the conversation. Then listen to the complete dialogue to verify your answers.

1. _____

  a. Oui, je te le prête.

  b. Oui, je te la prête.

  c. Oui, je t'en prête.

2. _____

  a. Tu en as laissé dans le jardin.

  b. Tu leur as laissé dans le jardin.

  c. Tu les as laissées dans le jardin.

3. _____

  a. Tu peux rester là. Je vais les chercher.

  b. Tu peux rester là. Je les vais chercher.

  c. Tu peux rester là. J'en vais chercher.

4. _____

  a. Oui, elles sont sur la table de nuit. Le voilà!

  b. Oui, elles sont sur la table de nuit. Vas-y!

  c. Oui, elles sont sur la table de nuit. Les voilà!

5. _____

   a. Bonne idée! Je la te rendrai lundi!

   b. Bonne idée! J'y la rendrai lundi!

   c. Bonne idée! Je te la rendrai lundi!

6. _____

   a. Tu viens de recevoir une bonne bouteille de vin. Tu peux la leur offrir.

   b. Tu viens de recevoir une bonne bouteille de vin. Tu la peux les offrir.

   c. Tu viens de recevoir une bonne bouteille de vin. Tu peux leur la offrir.

CD5, Track 7

Exercice 6. Des cadeaux à porter

Alex wants to buy his girlfriend something to wear for her birthday. Identify the article of clothing he's discussing and write the appropriate letter in the blank.

1. _____

2. _____

3. _____

4. _____

5. _____

6. _____

Comment faire des achats

CD5, Track 8

Exercice 7. Une affaire ratée! Stéphanie and her husband Guy are at the **Marché aux puces,** the Paris flea market. Stop the recording and read the questions that follow. Now listen to their conversation and answer the questions. It is not necessary to write out complete sentences.

Nouveau vocabulaire:

marchander	*to bargain*
le marché aux puces, les puces	*flea market*
rater	*to fail (fam), "to blow it"*
vilain(e)	*ugly*

1. Qu'est-ce que Stéphanie veut acheter?

_____

2. Qu'est-ce qu'elle veut faire pour avoir un bon prix?

_____

3. Combien coûtent les chaises au début?

_____

4. Est-ce que la marchande offre un meilleur prix?

_____

5. Est-ce que Stéphanie décide de les prendre à ce prix?

_____

6. Qu'est-ce qu'elle demande à Guy de faire?

_____

7. Pourquoi ne retourne-t-elle pas à la boutique elle-même?

_____

CD5, Track 9

Exercice 8. Trop cher!

A. Listen to the conversation between Mariam and the saleswoman in a clothing store and then indicate whether each statement is **vrai** or **faux**.

	vrai	faux
1. Mariam fait du 14.	❑	❑
2. La vendeuse a deux modèles, le look tube et le look western.	❑	❑
3. Mariam aime bien la jupe mais elle n'aime pas la couleur.	❑	❑
4. Mariam essaie le modèle en noir.	❑	❑
5. La vendeuse pense que la jupe ne va pas très bien à Mariam.	❑	❑
6. La jupe coûte cinquante-sept euros.	❑	❑

B. Listen to the conversation again and fill in the dialogue.

VENDEUSE: Je peux vous _____ (1), mademoiselle? Vous cherchez une jupe? Vous

faites quelle _____ (2)?

MARIAM: Je fais du _____ (3).

VENDEUSE: Eh bien, nous avons plusieurs modèles. Regardez _____ (4)-ci. C'est une

jupe tube en polyester. On a aussi celle-là. C'est le look western.

MARIAM: Euh, j'sais pas. Je _____ (5) quelque chose de plus classique.

VENDEUSE: Bon alors, je _____ (6) que nous avons exactement ce que vous cherchez.

Regardez ce modèle-ci.

MARIAM: J'aime bien la jupe, mais la couleur est vilaine!

VENDEUSE: Comment ça, vilaine! L'abricot est très _____ (7) cette année. Mais nous

l'avons aussi en kaki et en noir.

MARIAM: Je peux _____ (8) la noire?

VENDEUSE: Oui, mademoiselle. La cabine d'essayage est par ici.

(Mariam sort de la cabine portant la jupe.)

VENDEUSE: Vous voyez, mademoiselle, elle vous _____ (9) comme un gant!

MARIAM: Ça fait vraiment très classe. Elle _____ (10) combien?

VENDEUSE: Cent vingt-sept euros, mademoiselle.

MARIAM: Cent vingt-sept euros? Mais c'est trop cher!

VENDEUSE: Mais _____ (11) un peu, mademoiselle. Elle est d'excellente qualité.

MARIAM: Oui, peut-être, mais de toute façon j'ai pas 127 euros à dépenser. Merci, madame.

VENDEUSE: Oh là là là là! Les jeunes!

Comment faire et accepter des compliments

CD5, Track 10

Exercice 9. Merci, c'est gentil. Amélie is meeting her boyfriend's parents. Listen to the compliments they give one another and select the most appropriate answer. Keep in mind that the French don't accept compliments the way Americans do. Then listen to the complete dialogue to verify your answers.

1. _____

    a. Oh, ce vieux machin? Je l'ai depuis des années.

    b. Il est beau, n'est-ce pas?

    c. Les chapeaux sont des accessoires très utiles.

2. _____

    a. Est-ce que vous achetez vos gâteaux chez le pâtissier?

    b. Oui, je trouve qu'il est très bon, moi aussi.

    c. Eh bien, disons qu'il y a quelques desserts que je sais faire pas trop mal.

3. _____

    a. Est-ce que vous aimez les montres anciennes?

    b. Vous aussi, vous êtes très jolie.

    c. Vous trouvez? Je l'ai achetée au marché aux puces.

PRONONCIATION ET ORTHOGRAPHE

Pronouncing French numbers and recognizing them in speech

CD5, Track 11

A. La prononciation des nombres. Although you first learned to count from 1 to 60 in **Module 1,** accurate pronunciation and recognition of numbers takes time.

Listen carefully to the pronunciation of the numbers from 1 to 20 and underline those numbers that have a final pronounced consonant.

un, deux, trois, quatre, cinq, six, sept, huit, neuf, dix, onze, douze, treize, quatorze, quinze, seize, dix-sept, dix-huit, dix-neuf, vingt

Now listen and repeat.

un, deux, trois, quatre, cinq, six, sept, huit, neuf, dix, onze, douze, treize, quatorze, quinze, seize, dix-sept, dix-huit, dix-neuf, vingt

CD5, Track 12

B. Un, deux, trois, huit et vingt

Un. This number can be pronounced either as /œ̃/, rhyming with **brun,** or as /ɛ̃/, rhyming with **pain.** Both pronunciations are perfectly acceptable. Although the first pronunciation is more traditional, the tendency is towards the second pronunciation, /ɛ̃/. This is especially true for Parisians and French people born after World War II.

Deux. The vowel sound in **deux** has no equivalent in English. It's the same sound you hear in the words **peu, ceux,** and **mieux,** and is produced with more lip rounding than the neutral vowel or **e instable** (schwa) found in the preposition **de.** To pronounce it, first produce the word **des,** then while maintaining the same position of your tongue and jaw, round your lips and you will arrive at **deux.** Some English speakers mistakenly hear an **r** at the end of this word.

Trois. Work on pronouncing **trois** with a uvular **r,** and open your mouth wide on the final vowel.

Huit. This number does NOT rhyme with the English word *wheat.* The first vowel sound is similar to the vowel in **tu** and glides to an /i/ sound. This semivowel is also found in the words **puis, fruit, ensuite,** and **suis.**

Vingt. Be careful not to pronounce the **t** in **vingt** unless it appears before a vowel: **vingt, vingt pages, vingt arbres.**

CD5, Track 13

C. Combien? It is often difficult to understand numbers contained in fluent speech. Listen to the following sentences and circle the number that is pronounced.

1. a. 389	**b.** 298	**c.** 379
2. a. 195	**b.** 1 195	**c.** 575
3. a. 351	**b.** 153	**c.** 135
4. a. 1 780	**b.** 1 690	**c.** 189
5. a. 89	**b.** 79	**c.** 99
6. a. 3 670	**b.** 2 768	**c.** 3 690
7. a. 2 290	**b.** 295	**c.** 2 215
8. a. 139	**b.** 194	**c.** 147

La santé et le bonheur

COMPRÉHENSION AUDITIVE

Les parties du corps

CD5, Track 14

Exercice 1. Côté physique. Emmanuelle and her friend Juliette are thumbing through a magazine and talking about the physical characteristics of people who appear in the photos. For each description you hear, check off the parts of the body they mention. You will hear each recording twice.

Jean-Yves:

_____ bras   _____ yeux   _____ épaules   _____ dents

_____ bouche   _____ joues   _____ cheveux   _____ nez

le mannequin:

_____ nez   _____ visage   _____ épaules   _____ poitrine

_____ cou   _____ main   _____ estomac   _____ jambes

Les maladies et les remèdes

CD5, Track 15

Exercice 2. Symptômes et diagnostics. Listen to the following people describe their ailments and make the appropriate diagnosis.

Nouveau vocabulaire:
fort   *loud*

1. Étienne Causet _____

2. Aurélie Lemoîne _____

3. Olivia Beck _____

a. une jambe cassée

b. un rhume

c. mal à la tête

d. une dépression

CD5, Track 16

Exercice 3. Un régime révolutionnaire! Today, the radio show *Good Morning USA* is interviewing Dr. Phil Honnête, inventor of the new diet *Eat It All*. Listen to the interview and mark your lab manual statements true or false.

Nouveau vocabulaire:

sans privation	*without depriving oneself*
une tablette de chocolat	*a chocolate bar*
se goinfrer	*to pig out*
le bon sens	*common sense*
néfaste	*harmful*
l'huile hydrogénée	*hydrogenated oil*

	vrai	faux
1. Le régime du docteur Honnête s'appelle *Mangez De Tout* parce qu'avec ce régime, on peut manger sans se priver *(without depriving oneself)*.	❑	❑
2. Un exemple de déjeuner autorisé dans ce nouveau régime est trois hamburgers et une tablette de chocolat.	❑	❑
3. Le docteur Honnête pense que le chocolat est très bon pour la santé.	❑	❑
4. Le régime du docteur Honnête est basé sur le bon sens.	❑	❑
5. Le docteur pense que les gens ne savent pas toujours ce qui est bon et ce qui est néfaste pour la santé.	❑	❑
6. Un exemple de nourriture saine est la margarine allégée.	❑	❑

Comment parler au médecin

CD5, Track 17

Exercice 4. Mon fils est malade! Madame Simon is worried that her son might be ill, so she takes him to the doctor. Listen to the following conversation at the doctor's office and select the appropriate response.

Nouveau vocabulaire:

un échec scolaire	*a failure in school*
je parie	*I bet*

1. Madame Simon a emmené son fils chez le médecin parce qu'il…

   a. est enrhumé.

   b. fait une dépression.

   c. manque d'énergie et d'appétit.

2. Elle s'inquiète surtout parce qu'elle a peur…

   a. d'un échec scolaire.

   b. qu'il soit mal dans sa peau.

   c. qu'il n'ait pas d'amis.

3. Le seul symptôme que trouve le médecin, c'est…

   a. une légère fièvre.

   b. une gorge rouge.

   c. les yeux rouges.

4. Le docteur croit que Mathieu souffre de fatigue parce qu'il...

    a. joue à des jeux vidéo au lieu de dormir.

    b. fait une dépression.

    c. mange chez des amis.

Pour se sentir bien dans sa peau

CD5, Track 18

Exercice 5. Le bonheur. Happiness means different things to different people. Listen to the following people give their interpretations of happiness and choose the phrase that most closely corresponds to their view.

1. Nicole Avril

    a. Le plus grand bonheur, c'est aider les autres.

    b. On apprécie mieux le bonheur après des difficultés.

    c. L'argent est important pour être heureux.

2. Lionel Chaudron

    a. Le bonheur se trouve dans les petits plaisirs de la vie.

    b. Le bonheur, c'est réussir sa carrière.

    c. Le bonheur, ce sont les moments passés en famille.

3. Michel Tournier

    a. Le bonheur, c'est être en bonne santé.

    b. Le bonheur, c'est s'offrir de petits cadeaux.

    c. Le bonheur est surtout une attitude vis-à-vis de la vie.

Comment donner des conseils

CD5, Track 19

Exercice 6. Être en forme avant de prendre la route. Listen to this recording of driving safety tips and mark the following sentences true or false.

Nouveau vocabulaire:
une pause-sommeil   *nap*
au volant   *at the wheel*

	vrai	faux
1. Le risque d'avoir un accident la nuit est plus élevé *(greater)* parce qu'on a sommeil.	❏	❏
2. Il est conseillé de s'arrêter toutes les quatre heures.	❏	❏
3. Une pause-sommeil de dix à vingt minutes est une bonne idée.	❏	❏
4. Les repas en route augmentent la fatigue. Ils ne sont pas recommandés.	❏	❏
5. Certains médicaments font dormir.	❏	❏

CD5, Track 20

Exercice 7. Micro-trottoir: «La chaleur et vous». This week *Micro-trottoir (The mike is yours)* wanted to know how people were dealing with the heat wave in the south of France. Listen to the recorded interviews and check off all the elements mentioned.

Nouveau vocabulaire:

se cacher du soleil   *to avoid the sun*
un chapeau de paille   *a straw hat*
voyage en climatisé   *travel in an air-conditioned vehicle*

Camille...

_____ boit beaucoup d'eau.   _____ fait de la natation.

_____ ne fait pas d'exercice sous le soleil.   _____ mange beaucoup de glaces.

Jean-Claude Boulez...

_____ aime le soleil.   _____ est obligé de se cacher du soleil.

_____ utilise un parasol.   _____ vient de se faire opérer.

Eddy Limoges...

_____ porte un chapeau de paille.   _____ voyage en vélo.

_____ boit de l'eau.   _____ voyage en climatisé.

PRONONCIATION ET ORTHOGRAPHE

Releasing final consonants, recognizing the subjunctive, deciding whether to pronounce final consonants

CD5, Track 21

A. Détente des consonnes finales. As you have learned, French has a large number of silent final conso-nants. It is not surprising, then, that many French learners produce final consonants in a hesitant fashion, as if to hedge their bets. Unfortunately, this works against an authentically French pronunciation, because in French, pronounced final consonants must be produced clearly, not "swallowed," as they frequently are in English. Take for example the word *debt.* In English it ends with the lips together, "swallowing" the final *-t* sound. In the French word **dette,** however, after producing the **-t,** the consonant is released, and the mouth reopens.

Listen to the final consonant sound of the following English and French words:

English	French
Paul	**Paul**
ton	**tonne**
tube	**tube**
tact	**tact**
mat	**matte**
gel	**gel**
soup	**soupe**

CD5, Track 22

B. Le subjonctif. Releasing final pronounced consonants is important for producing and recognizing verbs in the subjunctive. After you hear the indicative form of the following verbs, give the corresponding subjunc-tive form, making sure to release the final consonant when appropriate.

Modèle: tu prends
que tu prennes

1. il prend
2. elle sort
3. tu dis
4. on part

5. tu comprends
6. elle vient
7. il écrit

CD5, Track 23

C. Prononcer ou pas?

1. **Consonnes finales.** In most cases, final consonants are silent except for the letters **c, r, f,** and **l.** (Use the mnemonic <u>careful</u> to remember them.) Of course the **r** is never pronounced in the infinitive ending **-er,** or in adjectives and nouns ending in **-ier: premier, papier, escalier.**

   Now stop the recording and underline the words with a final pronounced consonant. Then listen to the recording and verify your answers.

bon	papier	mal
actif	point	chancelier
talent	abord	état
tel	bac	Cadillac
finir	bar	adjectif

2. **La terminaison** *-ent.* As you have already noticed, sometimes the ending -ent is pronounced, as in **franchement** or **changement,** and sometimes it is not, as in **parlent.** If the word is a verb conjugated in the third person plural, the -ent ending is silent. Pause the recording to look at the words below. Check off the adverbs, adjectives or nouns where the -ent is pronounced. Cross out the silent -ent ending on the verbs.

_____ agent   _____ sentent   _____ content

_____ simplement   _____ chantent   _____ perdent

_____ vraiment   _____ malheureusement   _____ aiment

_____ cassent   _____ facilement   _____ souhaitent

Now read the words out loud and listen to the recording to verify your pronunciation.

CD5, Track 24

D. Dictée partielle: Quand doit-on consulter un médecin? Listen to Dr. Dupuis explain symptoms that indicate you should see a doctor. The passage will be read once with pauses for you to write what you hear and a second time without pauses for you to check your work.

Si vous perdez du poids et si vous _____ (1), il ne faut pas

_____ (2): allez tout de suite chez le médecin. De plus, si vous avez toujours

_____ (3), si vous souffrez de fatigue et si vous _____ (4),

c'est un signe qu'il faut voir le docteur. Parfois le problème est physique, disons biologique. Et parfois,

c'est plutôt _____ (5). Le patient _____ (6).

Le _____ (7) peut toujours faire des tests.

La vie sentimentale

Module 14

L'amour

CD6, Track 2

Exercice 1. Histoires de relations. While Amélie and her friends are at a café, they talk about relationships. Listen to some parts of their conversation and decide whether they are talking about love, hate or indifference / uncertainty. Circle the appropriate label.

Nouveau vocabulaire:
flirter   *to flirt*
lâche   *cowardly*
supporter   *to put up with, to bear*

1. l'amour   la haine   l'indifférence / l'incertitude

2. l'amour   la haine   l'indifférence / l'incertitude

3. l'amour   la haine   l'indifférence / l'incertitude

4. l'amour   la haine   l'indifférence / l'incertitude

5. l'amour   la haine   l'indifférence / l'incertitude

6. l'amour   la haine   l'indifférence / l'incertitude

CD6, Track 3

Exercice 2. Réciproque ou non? The conversation continues on various topics. Each statement you are about to hear includes the pronominal verbs given below. Circle **oui** if this verb refers to a reciprocal action (i.e., "each other") and **non** if it does not. Each sentence will be read twice.

	réciproque?	
1. se voir	**oui**	**non**
2. se téléphoner	**oui**	**non**
3. se dépêcher	**oui**	**non**
4. s'embrasser	**oui**	**non**
5. se comprendre	**oui**	**non**
6. se coucher	**oui**	**non**

Valeurs et espoirs

CD6, Track 4

Exercice 3. Un melting-pot de valeurs. A previous customer left a magazine on the table. Amélie and her friends open it and read an article about French people's values. Listen to the following remarks and decide whether they reflect more traditional or contemporary values. Circle the appropriate response. You will hear each remark twice.

1. traditionnelle   contemporaine
2. traditionnelle   contemporaine
3. traditionnelle   contemporaine
4. traditionnelle   contemporaine

5. traditionnelle   contemporaine
6. traditionnelle   contemporaine
7. traditionnelle   contemporaine
8. traditionnelle   contemporaine

CD6, Track 5

Exercice 4. Le couple idéal. Back home, Amélie listens to a radio talk show that deals with the image young people have of the ideal couple. Listen to a discussion of the poll results and circle the answer most often given.

Nouveau vocabulaire:
un appart *(fam)*   *an apartment*
forcément   *necessarily*

Le couple idéal...

1. Sont-ils mariés?

   a. oui

   b. non

   c. pas nécessairement

2. Quel est leur lieu de rencontre préféré?

   a. une expo

   b. un dîner chez des amis

   c. une boîte de nuit

3. Ont-ils un mariage religieux?

   a. oui

   b. non

   c. pas nécessairement

4. Ils habitent...

   a. un loft.

   b. un appartement.

   c. une maison avec jardin.

5. Ils vivent...

   a. à Paris.

   b. dans une ville de province.

   c. à la campagne.

   d. au bord de la mer.

6. Pour les hommes, l'âge idéal pour avoir un premier bébé, c'est…

   a. 21 ans.

   b. 25 ans.

   c. 30 ans.

7. Est-ce qu'ils travaillent?

   a. oui

   b. non

   c. à mi-temps

C'est ça, l'amitié!

CD6, Track 6

Exercice 5. Des amies d'enfance. Amélie's best friend, Anne, just stopped by. Together, the two friends look at their photo album from **collège** *(middle school)*. Listen to their conversation as they remember some people and anecdotes, and choose the appropriate answer.

Nouveau vocabulaire:
aveuglé   *blinded*
remonter   *go back*
rire   *to laugh*

1. Si seulement elle _____ bien me remarquer, j'_____ la fille la plus cool du collège pour amie!

   a. voudrait; aurais

   b. voulait; aurais

   c. voulais; aurait

2. Si Anne n'_____ pas aveuglée, elle _____ que cette fille n'est pas si originale que ça!

   a. était; verrait

   b. serait; voyait

   c. étais; voyais

3. Si seulement nous _____ remonter dans le temps, nous _____ bien de ce jour-là!

   a. pourrions; ririons

   b. pouvions; ririons

   c. pouvons; rirons

4. Si tu _____ plus jolie, nous t'_____ à notre soirée samedi soir.

   a. étais; inviterais

   b. étais; inviterions

   c. étais; inviterons

5. Tu crois que tu leur _____ bonjour si tu les _____ dans la rue?

   a. dirais; voyaient

   b. dirais; verrais

   c. dirais; voyais

Comment dire qu'on est d'accord ou qu'on n'est pas d'accord

CD6, Track 7

Exercice 6. Questions d'opinion. The phone rings. It is Amélie's younger sister, Léa, who needs to record people's opinions about various issues for a school project. She asks Amélie a few questions. State whether each response is positive, negative, or unsure by marking the appropriate column.

	oui	non	incertain
1.	___	___	___
2.	___	___	___
3.	___	___	___
4.	___	___	___

Comment exprimer ses sentiments

CD6, Track 8

Exercice 7. Interview avec une star

A. Amélie is now watching an interview of Fanon, a famous French movie star, on television. Stop the recording to read over the sentences below. Then play the recording, listening to complete the missing words.

1. Fanon dit que la jalousie fait partie de _____.

2. C'est la deuxième fois qu'elle travaille avec _____ dans un film.

3. Elle admet que c'est parfois _____ de travailler avec son mari.

4. Fanon et Renault forment _____ presque mythique.

5. Elle n'aime pas parler de sa vie _____.

6. Fanon explique qu'il lui est difficile de donner des interviews parce qu'elle est

_____.

B. Now listen to the following statements made by Fanon's fans who heard the interview. Indicate whether the remarks reflect emotion / doubt or whether they are affirmative statements.

	émotion / doute	affirmation
1.	___	___
2.	___	___
3.	___	___
4.	___	___
5.	___	___
6.	___	___
7.	___	___

PRONONCIATION ET ORTHOGRAPHE

Showing emphasis, discriminating between **aller** and **avoir** in the subjunctive, pronouncing the letter combination **gn**

CD6, Track 9

A. L'accent et l'intonation. To be emphatic in English, you may simply say a word louder and with greater stress. Any word in a sentence may be highlighted in this way, depending on one's meaning. French is less flexible. Since only the final syllable of a rhythmic group may be stressed, you need to use another strategy. One way to express emphasis is to use stress pronouns. Compare the following.

> *I want to play tennis, but **he** wants to play golf.*
> **Moi,** je veux jouer au tennis, mais **lui,** il veut jouer au golf.

You may place the stress pronouns at the end or beginning of the sentence to communicate stress.

> ***He** doesn't play basketball at all.*
> Il ne joue pas du tout au basketball, **lui.**

> ***They** like jazz. **We** like rock music.*
> **Eux,** ils aiment le jazz. **Nous,** nous aimons le rock.

Emphasize the subject of the following sentences by adding an appropriate stress pronoun. Keep in mind that the pronoun may be placed before or after the sentence; in the answers you hear, the pronoun will be at the end in 1–4 and in front on 5–8.

> **Modèle:** VOUS ENTENDEZ: Il est beau.
> VOUS DITES: *Il est beau, lui.*
> VOUS ENTENDEZ: Il est beau, lui. (Lui, il est beau.)

1. Elle est belle.

2. Il est avocat.

3. Ils font des sciences politiques.

4. Elles sont très sympas.

5. Vous préférez la musique classique. Nous, nous préférons le rap.

6. Tu vas au concert. Je vais au cinéma.

7. Ils vont à Chicago.

8. Elle aime les films d'amour. J'aime les films d'aventure.

CD6, Track 10

B. *Ait* vs. *aille*. Pronunciation of subjunctive verbs is fairly straightforward. However, many students confuse the subjunctive forms of **avoir** (**j'aie, tu aies, il ait, ils aient**) and **aller** (**j'aille, tu ailles, il aille, elles aillent**).

- For the forms of **avoir,** think of the letter *a* in English.
- For the forms of **aller,** think of the sound Francophones make when they are hurt. (It rhymes with *pie.*)

Listen to the pronunciation of **avoir** and **aller** in these sentences.

> J'ai peur qu'il **ait** de la fièvre.
> Il faut qu'il **aille** à l'école tout de suite.

In the following sentences mark whether you hear the verb **avoir** or **aller**.

	avoir	aller
1.	_____	_____
2.	_____	_____
3.	_____	_____
4.	_____	_____
5.	_____	_____

CD6, Track 11

C. Dictée partielle. Audrey is feeling a bit down and calls her best friend. Complete Audrey's side of the conversation by filling in the blanks with the words you hear.

Oui, il pleut encore—ça fait quatre jours qu'on n'a pas vu le soleil. Je _____ (1)

tellement ici à la maison. _____ (2), tout irait mieux, j'en suis sûre… Samuel?

Eh bien, je _____ (3) s'il n'est pas fâché après moi. Avant on

_____ (4) mais depuis quelques temps il passe tout son temps au travail.

_____ (5) il me trompe avec une autre fille. S'il ne travaillait pas tant,

_____ (6) passer plus de temps ensemble. Parlons d'autre chose… Oui,

_____ (7) le voir. J'adore Daniel Auteuil. _____ (8)

qui ont vu ce dernier film disent qu'il est meilleur que _____ (9) de l'année passée…

Non, je doute qu'_____ (10) libre demain soir… Toi et moi? Pourquoi pas?

Oui, ça me _____ (11) du bien.

CD6, Track 12

D. La combinaison gn. The sound of **gn** is somewhat like the sound of *ny* in *canyon*. Pronounce the following words after the speaker.

campagne	montagne	agneau	oignon	gagner
champignon	ligne	champagne	magnifique	espagnol

Fictions

COMPRÉHENSION AUDITIVE

Comment raconter une histoire (suite)

CD6, Track 13

Exercice 1. La chasse au trésor. Jérémy works as a counselor in a **colonie de vacances** (summer camp) with 10- to 12-year olds. Tonight, around the campfire, everyone is talking about the treasure hunt they had earlier in the day. First, listen to the conversation, as Jérémy tries to encourage good sportsmanship between the two team captains, Pauline and Laurent. Then replay the segment and focus on the verb tenses used. Indicate if the verb you hear is in the **passé composé** or the **imparfait.**

	passé composé	imparfait
1. (trouver)	❑	❑
2. (être)	❑	❑
3. (collaborer)	❑	❑
4. (avoir)	❑	❑
5. (mériter)	❑	❑
6. (battre)	❑	❑
7. (devoir)	❑	❑
8. (faire)	❑	❑

CD6, Track 14

Exercice 2. Une histoire avant de s'endormir. Every night, before lights out, the campers ask to be told a story. Jérémy likes to invent ones that teach a lesson. Before playing the recording, read the story he's about to tell and fill in the blanks with the correct tense of the verbs in parentheses (**passé composé** or **imparfait**). Then listen to verify your answers.

Quand Arthur Solal _____ (1. être) un petit garçon, il _____

(2. habiter) à Saint Nicolas de Port, un petit village de Lorraine. Il _____ (3. avoir) deux

sœurs plus âgées que lui qui ne _____ (4. jouer) jamais avec lui. Son père

_____ (5. travailler) dans une usine de sel, de 6 heures du matin à 8 heures du soir, et

il ne _____ (6. voir) pas beaucoup son fils. Sa mère non plus n'avait pas beaucoup de

temps à lui consacrer (devote) parce qu'elle _____ (7. s'occuper) de personnes âgées

dans une maison de retraite six jours sur sept. Bref, Arthur _____ (8. se sentir) souvent

seul. Un jour, comme il _____ (9. s'ennuyer), il _____ (10. aller) se

promener pour la première fois dans la forêt près de chez lui. Au début, Arthur était tout content et il

_____ (11. imaginer) des trésors partout, de gentils géants et de petites fées magiques.

Mais après une demi-heure, il _____ (12. commencer) à avoir faim et froid, et il

_____ (13. se rendre compte) qu'il ne savait pas comment retourner chez lui.

Soudain, il _____ (14. entendre) un hurlement *(howl)*, comme celui d'un loup.

Maintenant, Arthur était pétrifié de peur. Qu'est-ce qu'il _____ (15. pouvoir) faire?

Courageux et intelligent, il _____ (16. se mettre) à observer la forêt. Sur sa droite, il

_____ (17. voir) un papillon *(butterfly)*. «Peut-être que si je le suis *(follow)*,

il me montrera la sortie; après tout, les papillons préfèrent les champs *(fields)* de fleurs aux forêts.»

Il _____ (18. courir) après le papillon, et bientôt, il _____

(19. trouver) la sortie. Moralité, les enfants, observez toujours autour de vous quand vous entrez dans un

endroit que vous ne connaissez pas!

Le septième art: l'art de raconter à travers le film

CD6, Track 15

Exercice 3. *Les Choristes.* Jérémy and another counselor, Anne, discuss the film *Les Choristes.* Based on their conversation, complete the sentences. Read over the choices before listening to the recording.

Nouveau vocabulaire:

drôle	*funny*
en gros	*in a nutshell*
un prodige	*a prodigy*
une bande originale	*a soundtrack*
amer	*bitter*
guimauve	*overly sentimental*

1. _____ a vu le film *Les Choristes* avec Jérémy.

    a. Anne

    b. Adrien

    c. Mathieu

2. C'est un film _____.

    a. tous publics

    b. amer

    c. pas très sérieux

3. Gérard Jugnot _____.

    a. joue le rôle principal

    b. est le réalisateur

    c. est un jeune chanteur prodige

4. La bande originale du film contient de(s) _____.

    a. très belles mélodies

    b. chansons très connues

    c. la musique rock

5. Dans ce film, il s'agit d(e) _____.

   a. jeunes garçons en difficulté qui apprennent à chanter dans une chorale et qui découvrent un autre aspect de la vie

   b. un jeune chanteur professionnel

   c. adultes qui veulent redevenir des enfants

6. Certains critiques de film ont dit que *Les Choristes* était un peu _____.

   a. ennuyeux

   b. guimauve

   c. dur

7. Jérémy _____ à Anne d'aller voir le film.

   a. pense

   b. déconseille

   c. conseille

CD6, Track 16

Exercice 4. Le présent de narration—résumé du film *Les Choristes*. Anne hears a summary of *Les Choristes* on the radio. Before listening, read the summary of the film and fill in the blanks with the correct form of the verbs in parentheses. Use the **présent de narration** and choose between the indicative and the subjunctive moods. Then listen to the recording to verify your answers.

Clément Mathieu _____ (1. arriver) plein de bonnes intentions dans le pensionnat de rééducation «Le fond de l'étang». Très vite, il _____ (2. se rendre compte) que la gentillesse seule ne va pas marcher avec ces élèves qui _____ (3. être) très indisciplinés. En fait, il faut qu'il _____ (4. apprendre) à faire semblant d'être sévère pour maintenir l'ordre dans le pensionnat. Mais M. Mathieu _____ (5. ne pas être) réellement un homme dur ou amer, contrairement à M. Rachin, le directeur, qui _____ (6. utiliser) une méthode d'éducation répressive. Un jour, M. Mathieu _____ (7. entendre) un des élèves chanter. La voix n'est pas très juste *(in tune)*, mais cela lui _____ (8. donner) une idée: il est possible que les élèves _____ (9. faire) une bonne chorale, à condition de les former. Il est évident que M. Mathieu _____ (10. ne pas obtenir) le soutien *(support)* du directeur ou des autres professeurs, mais petit à petit, les jeunes garçons _____ (11. finir) par devenir très bons. Il y a, en particulier, un jeune chanteur prodige qui _____ (12. avoir) une voix exceptionnelle et qui _____ (13. attirer) l'attention de la comtesse, une femme riche qui donne de l'argent au pensionnat. Au milieu de toute la violence qu'on _____ (14. voir) de nos jours au cinéma, il est important que des films sensibles et touchants comme *Les Choristes* _____ (15. pouvoir) exister et proposer une autre vision de la vie.

CD6, Track 17

Exercice 5. Si nous étions metteurs en scène. Both students in film studies, Jérémy and Anne, talk about what they would do if they were directors. Listen to their conversation and select the appropriate endings.

1. Si Jérémy était un metteur en scène très connu comme Spielberg,…

    a. il donnerait beaucoup d'argent à des institutions charitables.

    b. il s'achèterait une belle maison à Beverly Hills.

    c. il ferait un petit film intime sans effets spéciaux.

2. Si Anne était un metteur en scène français,…

    a. elle viendrait travailler à Hollywood.

    b. elle tournerait un film en anglais.

    c. elle ferait un grand film avec beaucoup d'effets spéciaux.

3. Si Jérémy avait l'argent pour le faire,…

    a. il ferait un documentaire sur les gitanes *(gypsies)* en France et en Italie.

    b. il ferait un documentaire sur le festival de musique techno en Allemagne.

    c. il s'achèterait une grosse Mercedès.

4. Anne choisirait _____ comme actrice dans son premier film.

    a. Élodie Bouchez

    b. Juliette Binoche

    c. Agnès Varda

Comment parler de la littérature

CD6, Track 18

Exercice 6. Harry Potter

A. The kids at camp are all fans of the Harry Potter series and Jérémy wants to ask some of them some questions about their perspective on this phenomenon. Stop the recording and select the interrogative word to complete each of the questions. Then, restart the recording, read your questions out loud, and listen to the responses. At the end, you will hear the whole conversation again so you can check your answers.

Nouveau vocabulaire:

un tome	*a volume*
une fois	*one time*
l'école de sorcellerie	*school of witchcraft*

Mots interrogatifs

combien	comment	lequel	quand	que
quel	qui	(de) quoi	où	pourquoi

1. _____ de tomes est-ce qu'il y a maintenant dans la série?

2. De tous les livres que vous avez lus jusqu'à présent, _____ préférez-vous?

3. _____ de fois l'as-tu lu?

4. Et dans ce livre, _____ s'agit-il?

5. _____ âge a Harry dans ce livre?

6. Et votre personnage préféré, c'est _____?

7. _____ s'appelle l'auteur de Harry Potter?

8. À votre avis, _____ est-ce que la saga Harry Potter est si populaire auprès des jeunes?

CD6, Track 19

B. Anne hasn't read any of the Harry Potter novels so she asks Jérémy some basic questions about the books. Answer **oui** or **non,** based on the previous discussion.

	oui	non
1.	❏	❏
2.	❏	❏
3.	❏	❏
4.	❏	❏
5.	❏	❏

Cinq personnages de la littérature française

CD6, Track 20

Exercice 7. Personnages littéraires. Today at camp it rained, so the kids played Trivial Pursuit inside. Listen to the questions they had to answer in the category **Littérature.** Listen and identify the literary and cartoon characters being described.

1. _____ **a.** Tristan

2. _____ **b.** Maigret

3. _____ **c.** Astérix

4. _____ **d.** Mme Bovary

5. _____ **e.** le Petit Nicolas

6. _____ **f.** Iseut

7. _____ **g.** Gaston Lagaffe

8. _____ **h.** Tartuffe

CD6, Track 21

Exercice 8. Connaissances littéraires. As the rain continues, the counselors offer a prize to the camper who can correctly identify what happens in these famous stories. Like them, listen to the statement made about each title listed and select the option that correctly reflects what happens in the story. Then you will hear the statement again while you circle the appropriate pronoun to complete the sentence (both options use the same pronoun). At the end, you will hear Jérémy read the correct statements.

1. *Cendrillon,* Perrault

   la   lui   y

   a. _____ offre une belle robe pour aller au bal du Prince.

   b. _____ dit qu'elle pourra aller au bal quand elle aura terminé son travail.

2. *Roméo et Juliette,* Shakespeare

en   lui   y

a. _____ boit et s'endort mais Roméo la croit morte.

b. est si triste qu'elle se tue avant d(e) _____ boire.

3. *L'Étranger,* Albert Camus

le   lui   en

a. _____ guillotiner.

b. _____ mettre en prison pendant 10 ans.

4. *Notre-Dame de Paris,* Victor Hugo

le   lui   y

a. _____ sonne les cloches tous les matins.

b. _____ connaît la jeune femme, Esmeralda.

5. *Le Petit Prince,* Antoine de Saint-Exupéry

l(e)   lui   y

a. _____ emmener en France avec lui.

b. _____ écouter attentivement.

PRONONCIATION ET ORTHOGRAPHE

Des mots-pièges et les groupes prosodiques

CD6, Track 22

A. Des mots-pièges. The following French words typically cause difficulties. Repeat after the speaker.

une femme	une ville	que j'aille	monsieur
j'ai faim	tranquille	que j'aie	le corps
le temps	une fille	vieille	j'ai eu
un fils	un pays	un œuf	aux États-Unis

CD6, Track 23

B. Les groupes prosodiques. When you read in French you need to break up the sentences into sense groups, called **groupes prosodiques.** The last syllable at the end of each group receives the stress accent accompanied by rising intonation. At the end of each sentence, the intonation falls. Look over the following passage from «**Je suis malade**» in the *Petit Nicolas* series. Draw slashes between prosodic groups. Mark your pauses with an arrow pointing upward. Mark periods with a downward arrow. Then listen to the recording and see whether your breaks are similar to the ones you hear. These breaks depend partly on the speed at which the passage is read; i.e., the faster the pace, the fewer the breaks. However, your version should be close to what you hear. The first sentence has been done for you.

Maman ↑/, quand elle a regardé mon lit ↑/, elle s'est mise à crier ↓/. Il faut dire qu'en nous battant, Alceste et

moi, on a écrasé quelques chocolats sur les draps, il y en avait aussi sur mon pyjama et dans mes cheveux.

Maman m'a dit que j'étais insupportable et elle a changé les draps, elle m'a emmené à la salle de bains, où

elle m'a frotté avec une éponge et de l'eau de Cologne et elle m'a mis un pyjama propre, le bleu à rayures.

Après, maman m'a couché et elle m'a dit de ne plus la déranger.